Just Surf

ただ波に乗る

サーフィンのエスノグラフィー

水野 英莉

晃洋書房

はじめに

本書は、海の崩れる波に乗るサーフィンという身体文化への入門から、いちサーファーとしてのアイデンティティを形成するまでの個人的体験を詳細にたどった記録である。日本に生まれ育ち、女性であり、社会学の研究者である私がどのようにサーファーになり、さまざまな人とのかかわりの中でサーフィンを基軸としたライフスタイルを作っていったのかを記述するものである。

本書が特に焦点を当てるのがジェンダーの問題である。「ただサーフィンがしたい（I just want to surf.）」というのは、サーフィンの楽しさに夢中になったサーファーが、学校や職場、家庭生活などの日常生活に戻らなければならないときに、悲しげにあるいはもどかしげに口にすることばだ。私も他の多くのサーファーと同様に「ただサーフィンがしたい」と思ったが、それは日常生活からの逃避という意味あいに加えて、「女性」のサーファーであることを繰り返し迫られることへの抵抗感も含んでいた。サーフィンを通じ、周囲とのかかわりの中で自分自身のジェンダーについて考え、再認識し、男性が主体の世界における少数の女性であるということの意味を思い知らされもした。何をするにも「女性であること」から逃れられなかった自分にとってのサーフィンの研究は、ジェンダーを無視したサーフィンの経験として一般化することはとうていできず、むしろサーフィンを通じて経験したジェンダー問題をそのまま具体的に示していくオートエスノグラフィー／フェミニストエスノグラフィーとなっていった。

スポーツの世界には性差別に限らず概して暴力の問題が根強く存在することは、頻繁に報じられるニュース等からも周知の事実である。こうした問題を扱うスポーツとジェンダーの研究も蓄積されつつあるが、スポーツを行うフィールド内のみで起きる問題を扱っていたり、研究者が外側から調査を行っていたりすることが多く、当事者自身となってその社会を描き出していることは少ない。当事者であることが研究・調査の優位性を担保するものではないが、外側からは見えにくい隠されがちな暴力の問題構成を明らかにし、是正していくためには、フィールドの内側から日常的な相互作用やジェンダー・ダイナミクスを描き出すオートエスノグラフィーの手法はもっと注目されていいのではないだろうか。

こうしたことから、本書の目的は、サーフィンという社会的世界におけるジェンダー問題を調査者自身の経験を通じて明らかにすること、さらにはスポーツの経験をスポーツの行為そのものの肉体的次元のみならず、それを取り巻く日常生活まで包括的に扱う視点を提供し、その有効性を示すことにある。このことは、スポーツの世界のジェンダー問題を把握し、また是正をめざす際に、オートエスノグラフィーがいかに有効な手段であるかについても明らかにするだろう。

本書は二つの主題から構成されている。ひとつは、「女性」のサーファーであることによる経験についてである。男性サーファーたちのグループと出会い、サーフィンを始め、どのように居場所を作っていこうとしたかを記述している。もうひとつは、サーフィンを継続できないような壁に突き当たったのち、どのように自分なりに納得する立ち位置を作っていったかについてである。ここでは男性中心的な集団、競技性やセクシズムの限界を指摘し、オルタナティブなゴールを模索することを焦点としている。

コンテストにおいて華々しい活躍をしたわけでも、文化全体に影響を与える貢献をしたわけでもなく、むしろ運動能力もコミュニケーション能力も劣るといってもいい人間のサーフィン経験を記述するこのような研究を行う理由は、サーフィンの社会文化的な研究が、中心から（文化的、社会的、人種的、地理的、階層的等）外れた位置にあるサーファーの経験を主題としてこなかったからである。これまでの研究がこれを無視してきたわけではないが、概してトップアスリートやメディア、スポーツ自体の直接的な経験に限られていたり、北米やオーストラリア、ニュージーランド等にフィールドが定められたりしている。しかし「白人、男性、中産階級、アスリート」が社会文化経済の中心をなす現代サーフィンの世界が成り立つためには、必ず周辺を必要とする。にもかかわらず、研究は後者を取りこぼし、辺境でこれを下支えする人たちについてはほとんど把握してなかったのである。グローバルなサーフィン世界を可能にするのは、何年続けてもあまり上達することもなく、しかしサーフィンを心から愛してやまない私のようなサーファーなのだから、サーフィンを研究主題として論じるためにはこの作業を付け加える必要がある。

本書でサーフィンの世界のジェンダー・ダイナミクスを描くことは、単に特定の趣味の人たちの世界において個人が経験した性差別を捉えるということを意味するのではない。むしろスポーツという身体文化に深く内在する性差別の問題と、複雑に絡み合う利害、解決の困難さを内側から解きほぐしていくことを意味している。グローバルなサーフィン世界の末端の経験から構造の問題性を捉え、抑圧のない身体文化の可能性を模索する試みである。

私が本書で記述するサーフィンの経験は、一九九四年一一月に東海地域の都市部にあるサーフショップ・レノックスのサーファーたちと知り合ったことに始まる。友人に誘われた食事の場に、このショップに通うサーファーが数人来ていた。当時の私は大学院修士課程の一年生で、シカゴ学派社会学や日本の社会学者のエスノグラフィーに関心を持っていた。研究テーマについて絞り切れておらず、サーフィンをして遊んでいる暇はないのではという考えも頭をよぎったが、幼いころから一度やってみたいと思っていたものの、周囲にサーフィンをしている人がいなかったので、貴重なチャンスに思え、彼らの通うショップに連れて行ってもらった。このショップとの出会いが私のその後のサーフィンライフの、そしてフィールドワークのスタートとなる。

はじめてサーフィンをしたのはそれから五か月後の一九九五年四月である。初心者でも始めやすいおだやかな季節になるのを待ちながら、サーフィンをするための用具を購入するなどして準備を整えていた。用具類は最初から新品を購入する必要はない、慣れたら自分に合うものを選べばよいとアドバイスを受け、中古の品を格安で譲り受けたり、不要になったものをもらったりした。

その間、ショップを何度も訪れているうちにわかってきたのは、ショップに頻繁に来るメンバーたちは、互いに仲が良く、サーフィン以外の時間もよく一緒に過ごしているということだ。地元の中学・高校などの同級生や先輩・後輩関係にあり、そのなかでサーフィンを始めるきっかけを比較的若い時期につかんでいる。サーフィンに関するスキルや知識などは、ハウツー本・ビデオ等を通して学んでもいるが、ローカルな知識は明文化されておらず、長い時間をともに過ごし、経験者と会話するなかで徐々に学び取られていた。また彼らはサーフィンを始める前から互いを知っている場合も多く、共有する記憶もある。笑い話や懐かしい話が頻出し、陽気で楽しい空間が作り出されていく。こうしたことを見聞きするうち、サーフィンはサーファー自身の生活のなかで大きな位置を占めること、そしてその過程においてサーファー同士の仲間関係は重要な意味を持つことを知ったのである。

そのころ二〇代から三〇代だった彼らの仲間関係にとって、彼らの言うところの「女/女の子」は欠かすことのできない存在であることもすぐにわかった。サーフィンやサーファーに興味のある若い女性は彼らの周囲にひっきりなしに現れるように見えた。ショップにも、サーフィンに行くときにも、飲み会にも、会話にも登場する。つきあう相手として、遊ぶ相手として、結婚相手として、あるいはサーフィンを楽しむ仲間としての「女/女の子」は、彼らのサーフィンのモチベーションであるようであったし、また彼らの仲間関係の維持・強化の機能を果たしているようでもあった。

サーファーというと、「女/女の子」に加え、酒やドラッグ、少々軽装すぎる服装や気ままな生活などが一般的には連想されるかもしれないが、実際にはどんなに疲れて帰宅しても寝る前にストレッチを欠かさない人や、ランニングや筋力アップのトレーニングを地道にしている人、たばこを控える人、常日頃から注意深く体重管理をする人もいて、意外にストイックな面もあった。週に一、二回程度しか海に行くことのできないサーファーが、その大切な日に楽しくサーフィンをするためには、身体のコンディショニングは重要なことなのだろう。力強い自然と相対するサーフィンが、日常の習慣を軌道修正させていくことを知った。

生活がサーフィンを軸としたものになっていくのには、サーフィンが海の波をフィールドとする身体活動であることもかかわっていた。よくサーファーの口から「波しだい」ということばを聞いたが、サーフィンにとって理想の波が崩れるための気象条件がそろうのは難しく、サーファーたちは常に気象予報をチェックし、波に合わせてスケジュール調整をしていた。人によっては仕事を週末に残さない、あるいは妻に土曜日だけはサーフィンをする日として家族サービスを免じてもらっている、またはいつでも波の良いときにサーフィンに行くために人との約束を入れない、などの工夫がされていた。気象に左右され、フィールドが固定されていないサーフィンのような活動は、学校や職場などのように毎日同じ時間拘束される活動と相いれない。よって、サーファーによっては海のそばへの移住や、拘束されにくい仕事や学習のスタイルへの変更も珍しくなく、「波しだい」のライフスタイルが誘発されやすいということを私は知ることになった。そうしてサーフィン開始のための準備期間は無事終わり、このショップのサーファーたちとサーフィンをするようになっていった。

その数年後、関西地域のサーファーと徐々に知り合うようになった。私は専攻を社会学に変えて修士課程からやり直すために関西地域へと引っ越した。なじみのあるサーファーたちや通いなれたサーフポイントとの別れはつらく、しばらくは地元に帰ってサーフィンをしていたが、たくさんのサーフィンを愛する女性たちとの出会いは、新しい世界への扉を開いてくれた。「旅」というサーフィン文化の中心を成す実践にアクセスできるようになったのもこれ以降で、全国で開催されるさまざまなコンテストやイベントに、女性たちと一緒に出かけるようになった。旅から得られるものは、良い波の記憶、思い出の共有等ももちろんあるが、それよりもむしろ強烈な印象として残るのは、日常から切り離されたところで生き抜く知恵や行動力が試されたこと、自分の未熟な部分や弱い部分と直面せざるを得なかったことなどである。旅はサーファーにとっての修養機会となっている。本書の後半部分は、海外への旅、競技について、そしてどのようにサーフィンを続けていくのかについての、失敗と葛藤の経験である。自分自身のサーフスタイルを見つけ、女性たちとの友情を築き上げながら、サーフィン文化の新しい可能性を考えるに至るまでの記録である。

本書の構成は、大きく三つのパートからなる。「第Ⅰ部　サーフィンのエスノグラフィーのために」、「第Ⅱ部　〈女性〉が経験するサーフィン」、「第Ⅲ部　オルタナティブなゴールに向けて」である。

第Ⅰ部では、先行研究の批判的読解と本書の視点・方法の提示を行っている。サーフィンをどのような視点で読み解くのかを示しながら、主観的な経験や感情の動きまでを含めたオートエスノグラフィー、ジェンダーやフェミニズムの視座を取り入れたフェミニストエスノグラフィーという方法がなぜこの研究に必要なのかを論じている。第Ⅱ部ではエスノグラフィーの中身に入っていくが、サーフィンを始め、男同士の深い絆によって形成されているサーファーの世界における私自身の経験が「女性」サーファーの経験になっていく様子を紹介する。そのなかで行った生存戦略とその限界についても示している。第Ⅲ部はサーフィンがライフスタイルとして定着していくプロセスの後半であり、またセクシズムからいかに逃れ、オルタナティブな共同性を見出していったかについて書いた。

本書の元になったのは修士論文、博士論文、そして学術誌や学術図書の一部としての論文であるので、研究者にはぜひ第Ⅰ部から通して読んでいただければと思う。学術書に慣れていない方には読みづらいところもあると思うので、具体的な経験の記述が始まる第Ⅱ部から読み始めるのもお勧めである。マリンスポーツをある程度長く経験したことのある女性には、似たような経験を思い起こしていただけるかもしれない。ただし、第Ⅰ部では日本のサーフィン界ではほとんど話題にならないようなニュースにも触れているので、読み飛ばしながらでもよいので眺めていただけると嬉しい。また、サーフィンを愛する人には性別にかかわらず、どうすればサーフィンがより成熟した多様性を受け止めるスポーツになるか考える契機にしていただければと願っている。すべてのスポーツを愛する人、ジェンダーやセクシュアリティの研究者、ふと目に留めてくださった方、みなさんに読まれ、スポーツにおけるジェンダー公正が少しでも進んでいくための一助になれば幸いである。

ただ波に乗る　Just Surf　目次

第Ⅱ部 〈女性〉が経験するサーフィン

第Ⅲ部　オルタナティブなゴールに向けて

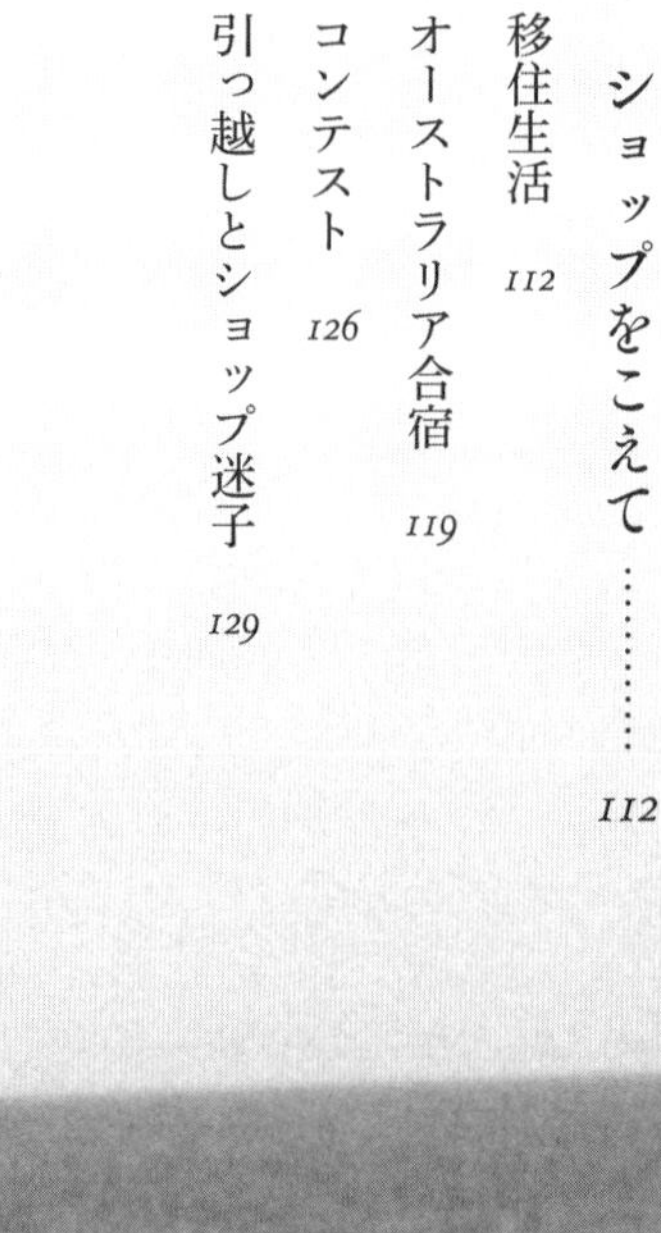

第I部

サーフィンのエスノグラフィーのために

第1章 サーフィン、スポーツ、ジェンダー

1 サーフィン研究とスポーツ

スポーツ化するサーフィン

毎年夏になると、店頭やショウウインドウにインテリアとしてサーフボードが飾られ、雑誌やテレビなどではサーファーの姿が映し出される。サーフィンや夏の海が、若々しさ、楽しさ、ロマンスなどを私たちにイメージさせるのだろう。最近では、自家用車を販売する企業（SUBARU）、データ通信事業を行う企業（NTTドコモ）などにおいても、サーファーの出演者を採用し、人生を楽しむ若々しい父親や、健康的で自然体の自立した女性が登場するCMを放映している。サーフィンは夏の風物詩でもありまた健康的なライフスタイルを表現する効果的な記号として用いられ、社会の

中にある程度の認知度があることがうかがえる。加えて、二〇二〇年の東京オリンピックにおいて、サーフィンは初めて追加種目として選ばれ、注目を集めるようになった。サーフィンは商品として消費される記号からひとつの現実的なスポーツ種目へとなりつつある。

しかしサーフィンはスポーツだろうか。この問いに答えるのは意外に難しい。なぜならば、スポーツとは何か、そしてサーフィンとはどのような性質や来歴を持つ活動なのかということを検討しなければならないからだ。さらには、サーファー自身がサーフィンをスポーツと考えているかということについても目配りしなければならない。

サーフィンには千五百年以上の歴史があり、ハワイでは「he'e nalu（ヘエ・ナル）」と呼ばれる重要な身体文化であり続けた［Booth 2001; Walker 2011; Ishiwata 2002］。サーフィンがヨーロッパに知られるようになったきっかけとしてよく参照される歴史として、一七七八年にジェームス・クックがイギリス船HMS号でハワイ島ケアラケア湾を訪れた記録がある。クックと乗組員たちは、木の板で豪快に波に乗る若い男女の姿を目撃し、驚きに満ちた感想を残している［Walker 2011; Young 1983］。二〇世紀のハワイにおけるサーフィンと歴史を記したイザイア・ウォーカーによると、サーフィンは「発見」されて以来、欧米諸国の勢力にさらされながら、一九〇〇年にアメリカ合衆国に併合されるまでの間、ハワイアンによって続けられてきた。周縁化されてきた多くのネイティブのハワイアンたちにとって、波の上は自律性とアイデンティティを見出す避難所であったという［Walker 2011］。この研究の目的は、サーフィンの歴史をコロニアリズムに対するハワイアンの抵抗としての歴史として描きなおすことにあり、その意義はサーフィンの持つ帝国主義的な性質を批判的に見る視点を私たちに提供した点である。いずれにせよ、一七世紀ごろまで西洋社会が持っていた「嫌悪に裏打ちされた海や海岸のイメージ」[Corbin 1988]や入植者との接触のなかでも、ハワイの人たちはずっとサーフィンをしてきた。

サーフィンの重要な歴史の転換点としてしばしば言及されるのは、一八九〇年にオアフ島で生まれたデューク・カハナモクの存在である。幼いころからハワイで海に親しんだカハナモクは、仲間と共に一九〇八年にオアフ島でアウトリガー・カヌーのクラブ「Hui Nalu（フィ・ナル）[1]」を創設する。一九一二年の夏季オリンピックストックホルム大会において、水泳の200メートル自由形で世界記録による金メダルを獲得し、一躍有名になったカハナモクが大勢の人の前でサーフィンを披露することで、サーフィンはカリフォルニア、オーストラリア、ヨーロッパへと広がっていく。カハナモク以後のサーフィン・シーンは、カリフォルニアとオーストラリアが中心になっていった。一九五〇年代に一大ブームを迎え、競技化・組織化し、一九六〇年代のサーフボードの軽量化・縮小化等、テクノロジーの発展によって進化・多様化を遂げていき、現代のようなグローバル市場を形成するに至る。

カハナモク以降のサーフィンは、「近代サーフィン」登場のストーリーとして繰り返し語られるが[Warshaw 2010; Young 1983; Mansfield 2009; 吉田 2001; Hemmings 1997; 映画『Riding Giants』]、このようなストーリーが意味するのは、アレン・グットマンの言うところの近代（競技）スポーツ化（世俗化、競技の機会と条件の平等化、役割の専門化、合理化、官僚組織化、数量化、記録主義の七つの特徴を有する）だけを意味するのではない。このストーリーからは、いつの時代も常にサーフィンをしてきたネイティブハワイアンと女性サーファーたちが消されている点にも目を向けるべきである［Walker 2011; lisahunter 2017］。近年の研究が明らかにしているのは、欧米によって「発見」され「近代化」されたサーフィンの歴史として、ハワイアン男性や女性への言及が極めて少なく、白人男性が中心に記述され表象される背景には、サーフィンの世界には欧米の白人男性による「ホワイトヘゲモニー」［lisahunter 2017: 269］があるという点である。「近代サーフィン」と言われるものはアメリカ化したサーフィンを意味し［Laderman 2014］、サーフィンの世界的な広がりは「カリフォルニア・ディアスポラ（Californians in diaspora）」［Comer 2010］とも呼ぶべきものである。

興味深いのは、カリフォルニア出身で『野生の呼び声』（1903）の作者ジャック・ロンドンが、自分で設計した船スナーク号に乗ってハワイを旅し、サーフィンに出会い記したエッセイ「王者のスポーツ（The Royal Sport）」がサーフィンの世界的な注目のきっかけになったというエピソードである［神崎 1987］。スナーク号はロンドンの妻と四名の乗組員を乗せてサンフランシスコを出航し、約四週間後に真珠湾に到着している。水泳をしたり、パーティに出席したり、あるいは牧場に滞在して動物の世話を体験する。ホノルル滞在中は友人にサーフィンを習い、驚きと感動に満ちあふれた体験をするのである。これはまさにクックがサーフィンを「発見」したのと同じルートやプロセスをたどるものであり、欧米の白人男性によるロマンティックなハワイへのまなざし、サーフィンへのまなざしがよくあらわれていると言えるだろう。

サーフィンがスポーツであるかどうかを論じるのは簡単ではないと先述したのは、ひとつにはこの点にも関係している。近代スポーツは一九世紀のエリート白人男性を鍛えるために生まれた身体活動を捉える概念である。この概念によって近年のサーフィンを定義したり、「サーフィンの誕生」としたりするのは、この概念自体に含まれるヘゲモニー性の無視あるいは無意識の肯定を示唆しうるからである。サーフィンを「発見」して「近代化」した歴史は、ネイティブのハワイアンサーファーたちから「he'e nalu」を収奪し、再解釈して商品化した歴史でもある。

サーフィンの先駆的研究

そうしたサーフィンへの批判的研究が中心となる以前ではあるが、学術領域における先駆的な研究として、ジョン・アーウィンによる「都市的情景（Urban scene）の自然史」という論考がある〔Irwin 1973〕。アーウィンはサーフィンを「第二次世界大戦以来アメリカの若者を風靡した一連の集合行動のプロトタイプ」と位置づけ、サーフィンを「参加者の強力なかかわり、実験的、革新的、自発的」という特徴があると述べた。一九八〇年代頃まではサーフィンを主題とした研究はほとんどなく、逸脱的な若者サブカルチャーとしてサーフィンに言及している研究や〔Schwendinger 1985〕、オーストラリアのサーフィン文化に関する研究が認められるだけである〔Pearson 1979, 1982a; Jaggard 1997〕。

これに対して、サーフィンの身体感覚、サーフィンをする身体を照準とする研究がいくつか行われている。例えばサーフィンを「象徴的な波のダンス（ダンス＝内的状態の純粋な表現、文化的プロセスによって成立した人間と自然の間の有機的調和）」〔Flyn 1987: 400〕とした記号論的な解釈である。サーフィンをリスク・テイキングの美学と捉えサーフィン文化の性質を論じるもの〔Stranger 1999; Diehm

& Armatas 2004〕、あるいは、産業化社会から情報化社会という社会変動に伴い遊びの力点の変化がゲーム型からパフォーマンス型へと移行しているとして、サーフィンの「滑走感覚」が時代の感覚とマッチするという分析がある〔亀山 1998: 276〕。同じく時代との親和性を見出し、サーフィンには「近代的身体を癒す根源的要素」〔清水 1993: 538〕があると解釈するものもある[2]。他にも、よりサーファーの感覚に近い表現で、「水の上に立ち、歩き、踊ることは、波の根源的なエネルギーを制す感覚」〔Anderson 2015: 63〕を捉え、サーフィンに対するサーファーの思いを「私たちサーファーが属する場所（a place we（water people）belong）」〔*ibid.*: 68〕と記している。

　こうしたサーフィンの文化的特徴や、サーフィンをする身体とその感覚についての研究は、波の上で行われるサーフィンの独特な性質をよく表現している。しかし先にも述べたようにサーフィンが持つ「ホワイトヘゲモニー」に関する批判的姿勢はそこにはまだ見られない。二〇〇〇年代になるとサーフィンの帝国主義的な性質、資本主義、商品化を主題とする論考が登場し始め〔Ford & Brown 2006; Moore 2010; Laderman 2014〕、歴史の書き直し〔Walker 2011〕が試みられるようになっていく。

2 ライフスタイルスポーツとしてのサーフィン

エクストリームスポーツ

サーフィンの身体感覚は、いわゆる正統的で伝統的なゲーム型、チーム型スポーツとは異なるものであることが指摘されているが、スケートボードやスノーボードなどの「滑走感覚」を味わうタイプのスポーツにはある意味で共通している。インラインスケート、ウィンドサーフィン、スカイダイビング、BMX、マウンテンバイク、エコチャレンジ、カヤック、ロッククライミング、スケートボード、エクストリームスキー、スノーボード等のスポーツは、「オルタナティブスポーツ」、「エクストリームスポーツ」「Xスポーツ」「アクションスポーツ」等と呼ばれ、特徴を共有している。

なかでも「エクストリーム」は一九九六年に米国最大の放送局ESPNによって「X」と略され、エクストリームスポーツの祭典「X Games」が始まった。エクストリームという名の通り、大きなリスクを含んだ状況でのパフォーマンスも見どころのひとつとなっている。エクストリームは「ラディカルで、非日常的、普通ではない性質」を表す言葉である［Rinehart & Sydnor 2003］。

ラインハートとシドナーによると、愛好家たちのエートスは、メインストリームに乗ることや制度化・商業化を嫌うことにあるので、愛好者たちはエクストリームスポーツに真剣に取り組むが、同時に正統的なスポーツを物笑いにする。基本的に個人技であってチームスポーツではない。よってチームの一員としての義務や服装のコードもなくコーチも存在しない。

日本でこのスタイルを何よりも重視した結果、社会から猛烈なバッシングを受けたライフスタイルスポーツの選手がいた。スノーボードの元日本代表である國母和弘選手である。スノーボードはサーフィンよりも早く、一九九八年の冬季オリンピック長野大会から、男女ハーフパイプと大回転が正式種目として採用されている。二〇一〇年のバンクーバー大会にスノーボード・ハーフパイプの日本代表としてバンクーバーに向かう空港において、日本選手団公式ユニフォームを着崩していたことから、國母は日本社会から激しい批判を受けた。いわゆる「腰パン（ズボンを低い位置で履く着こなし）騒動」である。國母はその後、二〇一七年にテレビ出演した際に当時のことについて問われると「まったく後悔していない。自分のスタイルほど大事なものはない。空港でビシッとして、まともなインタビューというのは、自分の中でスノーボードじゃない」、「迷惑をかけた人には自分で謝罪した」と述べている[3]。

このことから、エクストリームスポーツのライフスタイルとして、スリルを求めること、目立つこと、快楽主義的であることがしばしば見られる行動であることがわかる。エクストリームスポーツの全体的特徴を一言で表すキーワードは、「旅」である。日常生活、仕事、社会的役割や義務からの逃避、「エキゾティック」な土地への旅を、愛好者たちは追い求めている。

こうしたエートスは維持されつつも、同時に、オリンピック種目への加入や団体競技の開催も行われ、近代スポーツ的な側面も有する。また、新しい世界秩序の構築、国境を越えた共同、平和的な兄弟愛を唱える一方で、マッチョな男性像をアピールするなど、古い役割の再生産もする。参加者の構成のうち大部分は中産階級、白人、西洋人である。したがって実際にはメインストリームのスポーツや伝統的スポーツとの差異は不明瞭でもある。

ライフスタイルスポーツ

ところで、エクストリームスポーツの愛好家は、誰もが皆、極限の状況でスポーツをしているわけではない。ＥＳＰＮなどでは、世界で最も巨大で危険な波でのサーフィンの様子が放映されるが、そのようなサーフィンは一般のサーファーには到達できないレベルであり、一般の人はもっと安全にサーフィンを楽しんでいる。そういった意味で、本書で扱うサーフィンを捉える概念としてはかけ離れている部分がある。類似した用語に「ライフスタイルスポーツ」があり、一般的に活動する人自身の感覚や考えにより近いものである。

The Cultural Politics of Lifestyle Sports を著したベリンダ・ウィートンは、このスポーツの多くは一九六〇年代末期の北米に起源があり、アメリカの企業家たちがヨーロッパに持ち込んだものだとする。一九六〇年代と一九七〇年代の対抗文化的な社会運動に根ざし、伝統的なルールに縛られた、競争的で、組織化された、西洋的「成果」主義的なスポーツ文化とは異なる性質を多くは保っているとその特徴を語っている［Wheaton 2013］。

ウィートンによると、ライフスタイルスポーツの参加者は、ライフスタイルとアイデンティティに重い投資をする［*ibid.*］。時間や（と）お金、生活の形式、集合的な表現の形式、身体の傾向と態度の形式などの資源への献身があり、独特のライフスタイルと特定の社会的アイデンティティを育て上げていく。これがライフスタイルスポーツという概念の最も重要な論点で、他のスポーツとは一線を画す特徴である。

例えば、サーフィンをする人をサーファーと呼ぶという慣習にもそれは表れていると考えることができるのではないだろうか。例えば代表的な伝統的スポーツであるテニスをする人をテニサーとは呼ばない（テニサーはテニス・サークルの略語として学生等の若者を中心に使われることはある）。伝統的スポーツをする人にももちろんライフスタイルの変化は、そこに没頭すればするほど大きく表れるだろうが、伝統的スポーツが日常生活を根本から揺るがし、日常生活を捨て去ることをも辞さないほどの重い投資を励まし、テニスだけをして過ごす旅への憧憬を募らせるというのはあまり想像ができない。ところがサーフィンの場合は世界中で大ブームを起こした映画『エンドレスサマー』のように、終わらない永遠の夏を求めて、仲間とともにサーフィンをしながら世界をめぐる旅が、サーファーたちの理想として描かれるのである。

伝統的スポーツがいわゆるメインストリーム的な日常生活（きちんと学校へ行き、労働をして、家族を持ち、余暇を過ごす）のなかに溶け込むようにして存在するのに対し、ライフスタイルスポーツはその種の日常生活を凌駕し、破壊し、新しい世界や価値を再構成・再定義する力を潜在的に持つような活動である。とはいえ、ほとんどの場合において、「ライフスタイルスポーツの商業化と人気は、このスポーツの正反対の性質を侵食するのだが、一部の参加者は規制と制度化を非難し、伝統的な競技の形式と曖昧な関係を持つ。ＥＳＰＮや他の多国籍メディアは、オルタナティブスポーツの競技形式を促進しようとし、続いてオリンピック・スポーツになることを受け入れる者もいる」［Wheaton 2013］。

スタイルの重視はライフスタイルスポーツの最もコアな特徴である。単に「スポーツ中心の生活様式」やその獲得・変容を意味しているのではない。メインストリームの価値への抵抗、国家主義の否定、新しい価値の創造が含意された概念である。サーフィンはメインストリームの身体文化となる過渡期にあるのだろうか、あるいは曖昧さや矛盾を抱えたまま維持されていくのだろうか。サーフィンやスノーボードがオリンピック・スポーツになることを受け入れる者にとっても、ライフスタイルスポーツの持つこれらの要素を完全には否定することができないだろう。

3　日本での広がりとボディボード

高度経済成長とサーフィンブーム

ではサーフィンは日本でどのように広がっていったのだろうか。日本サーフィン連盟（NSA）によると、サーフィンが始められたのは一九六〇年頃、「アメリカ人が湘南や千葉の海でサーフィンを楽しんでいるのを地元の少年たちが模倣して自作の『フロート』と呼ばれたボードで初めたのが最初」であるとしている[4]。在日米軍のサーファーやハワイから帰国した人によって広められたとする説もあり［井坂 1990; 村田 2017］、一九六〇年代には日本各地でサーフィンが行われていたようである。これ以前から日本には板に腹ばいになって泳ぐ「板子乗り」と呼ばれる泳法の記録がある［佐藤1926: 116-118, 122-125］ので、ハワイのhe'e naluとサーフィンの関係と同様、波乗りの身体文化における断絶が、日本の板子乗りとサーフィンには存在することが推測できる。

この頃の日本のサーフィンは高度経済成長とともにあった。戦後の日本では、戦勝国のアメリカ文化を夢の生活と捉え［渡辺 2014; 小森 2011］、都市の一〇代から三〇代の若者たちが雑誌をガイドブックのようにして服装やライフスタイルを吸収していた［小長谷 2005;『太陽』1997］。この中でサーフィンは何度も特集され、アメリカ西海岸の文化として紹介されている。サーフィンは若者の市場においてまずファッションとして浸透していった。[5]「陸（おか）サーファー」ということばも生まれた。これはサーフボードを車に載せていたり、サーファーのファッションを身につけていたりするけれども、実際にはサーフィンをしない人を指す言葉である。サーフィンはロマンティックなアメリカ文化とビーチレジャーの象徴であった。

一九六四年にはアマチュア組織である日本サーフィン連盟が設立し、一九七〇―一九八〇年代にかけてブームを迎え［『スポーツ学のみかた』1997］、一九八四年にプロ組織である日本プロサーフィン連盟が発足している。ガットマンとトンプソンが指摘するように、日本では「カリフォルニア」的な文化活動は多かれ少なかれ近代スポーツ化の傾向と国内・国際的組織への制度化、競技化、記録の批准が明らかに避けられない傾向にあったようだ［Gutmann & Thompson 2001］。

二〇一一（平成二三）年社会生活基本調査によると、二〇一一年のサーフィン人口は二四万八〇〇〇人で、二〇万一〇〇〇人（八一％）が男性、四万七〇〇〇人（一九％）が女性である。二〇一四年版レジャー白書では、サーファーとウィンドサーファーあわせて五〇〇万人としている。[6] ボディボーダーでは八〇％が女性で、二〇一四年時点で八〇万人と推測されている［『大地』2014: 50］。波に乗る道具に多様性があるのも、ライフスタイルスポーツとしての特徴をよく表している。ウィートンはこう述べている。

このスポーツは新しいモノ（ボード、バイク等）の消費を基礎とし、しばしば新しいテクノロジーを含み、さらに変化とイノベーションを取り込んでいく。テクノロジーの進歩は多くのライフスタイルスポーツに急速な変化をもたらし、しばしばその文化とアイデンティティの形式に分節化と多様化という結果を引き起こす。［Wheaton 2013］

ボディボードの登場

例えば、ボディボードは、腹ばいあるいは膝立ちでボードに乗って波に乗るサーフィンの一種である。現在のような一メートル程度のポリエチレン製のボードによるサーフィンは、一九七〇年代にカリフォルニアのトム・モーリーが「発明」したと言われているが［Young 1983: 217-218］、腹ばいで波に乗るという行為自体はポリネシアのサーフィンの歴史に古くからあったし［Warshaw 2005: xiii］、日本にも「板子」乗りという木切れに乗っていたという記録がある［佐藤 1926: 116-118, 122-125］。より軽い、柔らかい素材のボードが開発され、手軽な腹ばいでのサーフィンは、カリフォルニアのサーフィン文化を経由し、世界各地に逆輸入されていった。このボードにより、立つタイプのサーフィンでは浅すぎるビーチやリーフ（砂浜やサンゴ礁）、あるいは急に切り立つ波でのサーフィンが可能になり、新しいサーフスタイルが誕生した。(7)

しかしディボードは、サーフボードでのサーフィンより、ある種の「二流」的な扱いを受け続けてもいる。例えばオーストラリアでボディボーダーの参与観察をしたウェイトとクリフトンは、男性ボディボーダーたちはジェンダー化されたヒエラルキー内において低い位置にあるボードを選んだとして「失敗した男（failed men）」と見なされがちであることを明らかにしている［Waitt & Clifton 2013: 495］。サーフィンの世界には、「白人で、英語話者であり、中間階級の、異性愛者で、健康体」であることが覇権的な男性像であると指摘されている［Ford & Brown 2006: 92］。

したがって、同じ波に乗るという行為であっても、スタイルの形式には大きな違いがあり、そこにはジェンダー、階級、人種等の要素と絡み合いながら、誰を受け入れ、受け入れないのかという問題ともかかわってくる。サーフィンをする女性が二割程度にとどまっている背景にもなるが、次の節ではサーフィンの世界のジェンダーについて見ていくことにする。

4　サーフィンをする女性の身体

スポーツにおける男性優位性

サーファーたちはメインストリームの社会に抵抗するのであるなら、メインストリームの性支配的なジェンダー秩序についても抵抗するだろうか。残念ながらそうではない。サーフィンがスポーツとして「近代化」したのであれば、サーフィンをする女性は周縁化を免れることができない。なぜなら歴史的にスポーツは、性別二元論的で男性支配的であるからである。ジェニファー・ハーグリーブズはこう述べる。

> 一九世紀以来、西洋において近代スポーツが組織化された形態をとるようになったとき、そして今日に至るまで、スポーツは明瞭にジェンダー化された活動であった。……スポーツは男性に支配されているため、ジェンダーの焦点はたいてい、「スポーツにおける女性」の物語や、男性との平等を求めた女性たちの何年にもわたる葛藤と同一になるのである。[Hargreaves & Anderson 2014: 3]

現在では必ずしも男性に占有されているわけではないが、「スポーツと身体文化は、その価値、概念、期待、参加、表象、組織において男性優位のままであり、力と権威がすでに確立されたシステムに対し沈黙するよう女性は置かれている」［Olive et al. 2015］。

それゆえ、スポーツと身体文化における女性がいかに排除されてきたのか、周縁化されてきたのか、あるいはないものとされてきたのかについて、明らかにする研究が行われるようになった。サーフィンについてはリサハンターがこう記している。

最近の約百年の間に、女性サーファーと「女性サーファー」が主観的立場に立つ可能性とが盗まれ、無視され、周縁化され、消されてきた。ワヒネ（ネイティブ・ハワイアン女性）は非サーファーとして、ハオレ女性（白人入植者女性）は男性への従属者として、サーフィンの内外で男性よりも一般的に「劣るもの」として再配置された。女性の参加は歴史的遺産のなかで価値あるものと見なされなかった。女性はヘテロセクシュアルな男性のまなざしの受動的な対象とされ、ビーチが「彼女の場所」とされた。［lisahunter 2017: 263］

確かにサーフィンの歴史とされる文献には、女性はまばらにしか出てこないし、特にワヒネについての記述はほぼ一か所程度に限られ、あたかも女性はサーフィンをしてこなかったかのような印象すら抱かせる。ワヒネが歴史から消された理由としてリサハンターはこう主張する。

女性の活発な参加や平等な地位は、一八世紀から一九世紀の間にハワイにおける家父長制植民地主義的暴力（patricolonial violence）の一部として消去あるいは破壊された。その人のセックスの地位とセックスによる地位は、白人欧米人のセックスと人種における二元性というヘゲモニックな文化により再形成されるようになった。ワヒネは「フラ・ガール」として、ハワイアン男性はホワイトヘゲモニーへの従属者として［*ibid*.: 269］

「ホワイトヘゲモニー」が覆うサーフィンの世界において、非白人であること、そして女性であることは、複数のマイノリティ性を帯びる。先に述べたサーフィンのアメリカ化、スポーツ化は、ジェンダーの観点から見れば女性のマイノリティ化であり、非白人女性のマイノリティ化である。

サーフィンをジェンダー視点から検討した研究では、波の上がいかに「男たち」のものであるか［Wenner 1995; Waitt 2008］、オーストラリアやニュージーランドのサーフ文化におけるマスキュリニティ（男らしさ）について［Pearson 1982a, 1982b; Stedman 1997; Evers 2006, 2009］、ボディボード男性の調査研究［Waitt & Clifton 2013］、雑誌表象の分析［Henderson 2001; Wheaton 2003］、サーフィン文化における女性［Booth 2001］、サーフィン文化とジェンダー秩序の検討［Ford & Brown 2006］などがある。どれも波の上の男性優位を指摘し、サーフィンが身体的にも表象的にも「男性の」活動であることがわかる。しかしそのような中でも女性は参加してきたのであり、女性の経験を中心に扱い分析する研究も行われつつある［Bush 2016; Olive et al. 2015; Olive & Thorpe 2011; Schumacher 2017］。これらの研究からわかるのは、男性優位のサーフィン文化は単に女性を排除するのではない。女性の身体は男性優位性を担保するために必要とされるのである。

男性を性役割規範から解放する存在としての女性サーファー

初めて女性のサーファーを正面から論じたのが、クリスタ・コマーの *Surfer Girls in the New World Order*［2010］である。コマーは、一九五九年に公開された映画『Gidget』（ギジット）の分析を通じて、アメリカ化したサーフィンがカリフォルニアからグローバルに拡大していく様子を批判的に考察している。映画ギジットはフレデリック・コナーによる同名の小説（1957）を原作とし、アメリカで公開され人気になった。ギジットはカリフォルニアに住む一七歳の高校生の女の子で、夏休みをサーファーたちとともに過ごす。ギジットの残したレガシーをコマーは、冷戦というシリアスな時代・社会に対し、サーフィン、スキー、水泳をし、笑い、キスし、身体を寄せ合い「遊んでみせたこと」とする。一九六〇年代は、男性の生活は核家族を養うことに向けられていたが［Rutsky 1999］、仲間と遊び、恋をし、毎日働いて家族を養うという生活以外の選択肢を示して見せたのである。ギジットという女性サーファーの登場が、サブカルチャーにおける男性の性役割観に変化を起こし、性役割からの自由への憧れをもたらした。当時のサーファーの身体文化には、反マスキュリニティを可能にする女性らしさに関連した性役割、すなわちジェンダー的に逸脱した男性の役割モデル、無責任さが広がったというのである。

これを象徴するのがブルース・ブラウンの映画『エンドレスサマー』である。ドキュメンタリーのように二人の男性サーファーを映し出すこの映画では、二人は混雑した自分たちのホーム・ポイントを出て、世界中の「終わらない夏」、混雑のない波を探す旅（surfari）に向かう。もちろんその間、二人の男性サーファーは一切働かず、ただ波を求めて未知の世界を旅するのである。この旅をするというサーファーの行動様式は、その後サーフィンがグローバルに展開していく原動力でもある（Californian Diaspora）。ギジットというサーフィンをする女性の身体は、社会規範の跳躍（規範からの逃避）を誘惑する存在として使われているのである。コマーが、ギジットの登場を女性規範を打ち破る存在としてでなく、男性を解放する存在としているのは大変興味深い。

ネオリベラリズムの時代と女性サーファー

一九七〇年代末のサーフィン文化は、テクノロジーの進化によって軽量で可動性の高いショートボードが開発されたことにともない、よりラディカルでアグレッシブなスタイルを求めるようになっていった。この傾向の続く一九八〇年代についてプロサーファーのコリー・シュマッカーは振り返り、サーフブランドやメディアは、女性を象徴的に排除していたと語っている。この中でサーフィンをする女性は「男並み」にサーフィンをすることを目指し、レズビアン扱いされることもあったといい、文化全体がホモフォビックになっていったと言う［Schumacher 2017: 286-287］。

サーフィンをする女性に一躍脚光が当たるのは一九九〇年代である。ひとつの象徴的なできごととして、クイックシルバー（Quiksilver）社の女性向けラインロキシー（Roxy）の開始とロキシーがサポートしたリサ・アンダーソンというプロサーファーの登場があげられる。クイックシルバー社は一九六九年にサーフィン用ショーツの販売を開始し、若者のラフスタイルや文化をけん引してきたグローバル企業である。一九九四年にアンダーソンをチームライダーに迎えいれた。ＡＳＰ

(Association of Surfing Professionals/世界サーフィン連盟/二〇一五年からWorld Surfing Leagueに変更)で四度優勝に輝いたアンダーソンは、一九九〇年代のサーフシーンを代表するひとりである。有名なフレーズに「リサ・アンダーソンはおまえよりサーフィンがうまい(Lisa Anderson surfs better than you)」がある。これは雑誌『Surfer』の表紙を女性で初めて飾ったリサにつけられたキャプションである。読者の大半は男性サーファーであるので、印象的で挑発的なメッセージとなったことが想像される。アンダーソンを表すもうひとつのフレーズは、彼女のライディングは「(男性のように)アグレッシブで(女性らしく)グレイスフル」というものである。シュマッカーが述べているように、サーフィンをすることは「男のようだ」と否定された時代を経て、新しいサーフィンをする女性像を打ち立てた立役者としてアンダーソンは扱われている。

しかしながら、一九九〇年代に女性のサーファーが注目を浴びたのは、サーフィンがジェンダー平等になっていったというよりも、むしろネオリベラリズムの時代にサーフィンをする女性の身体はぴったりだったからだとレスリー・ヘイウッドは主張する。ヘイウッドによると、サーフィンをする女性は、激しく変化する時代に柔軟に対応する姿勢と何でも自己責任でやっていくべきだというネオリベラリズム的発想、すなわち「柔軟性とDIY精神」によって、たくましく生き抜く人間を体現する存在で、不平等を打ち消す(かのように見せる)のに役立つからである[Heywood 2008]。「リサになりたい(wanting to be Lisa)」と題する章の中でコマーは、ジェネレイションX(一九六〇―一九八〇年生まれ)からジェネレイションY(一九八〇―二〇〇〇年生まれ)の女性アスリートのあいだで態度の違いがあると指摘している。ジェネレイションXのスタンダードは「マスキュリン」で

「男のようにアグレッシブにサーフィンをすること」、「波の上でどれだけ女性についてひどいことばが投げつけられようと甘受し進み続ける」[*ibid*.: 250]。対照的にジェネレイションYは『第三波』で、より混合的なアプローチ」であり、「『女の子的（girl-ness）』なことを受け入れ価値を置くと同時に、最高レベルの達成を目標とする」[*ibid*.: 250]。ヘイウッドはコマーに基づき、現代の女性サーファーたちのこの態度を「第三波フェミニズム」の視点から理解できるとしている。

第二波フェミニズムは伝統的な女性らしさと美容文化が同一視されることや、他の「ガーリー（girlie）」な形を否定したが、第三波は美容文化と他の「ガーリー」な形を脅威と見なさず擁する傾向にある。第三波は、機会を与えられた女性たちのフェミニズム、例えばスポーツをしながら育った女性たちのフェミニズムで、結婚と母親業に可能性を限定された女性と同じ経験はしていない……第三波たちは、キャリアと母親業、スポーツ参加と美容文化参加のあいだに矛盾はなく、どちらか、というより、両方とも、という具合に、すべての可能性を経験する傾向にある。[*ibid*.: 72]

家庭と仕事での平等や両立をめざした第二波の戦果を享受し育った若い世代にとって、女性の美は男性優位社会の性役割規範から押し付けられたものではないのである。ヘイウッドはこれを「ステルスフェミニズム」と呼び、「私はフェミニストではないけれど」[*ibid*.: 71] と言いながらも、フェミニスト的価値を体現する現代の女性サーファーたちを特徴づける。ヘイウッドにとって女性サーファーのイメージは、「ネオリベラリズム的イデオロギーであるる柔軟性とＤＩＹ的主体性の乗り物であり、男性サーファーたちが身を引き、非生産的な反逆を行った初期の文化のリライトである」［*ibid.*: 79］。

女性サーファーのモノ化

ところで脚光が当たったのは、女性らしい女性、そしてストレートの女性だけであり、それは女性の平等やエンパワメントを理由にしたのではなく、商業的な理由によるとシュマッカーは言う［Schumacher 2017］。実際、この頃の広告には、実際のサーファーを使わず、モデルの女性を使うことが多かった［lisahunter 2017］。シュマッカーは当時を振り返り、ロキシーは「ヘテロセクシー（レズビアンに見えたら「死刑宣告」）」、「ダブルスタンダード（男みたいにサーフィンしろ、ただし男らし過ぎないこと）」、「Roxy Feminine ideal（スリムで、いつも笑顔、楽しいことが好きで、レズビアンでない）」モデルを使うと述べている［Schumacher 2017: 286］。同じようにリサハンターは、こうしたモデル的要素で使われる女性は「ビーチ・ベイブス（beach babes）」（たいてい「若く」「美しく」「セクシー」で、露出の多い恰好をしている）であり、現実の多様な女性のサーファー像とはかけ離れていることを批判している［lisahunter 2017］。

ビーチ・ベイブスたちがサーフィンのメディアに使われるのは、「セックスは売れる（sex sells）」と考えられているからだ。これを利用し、スポンサーの欲しい若い女性サーファーたちが、露出の激しい水着やきわどいポーズの写真をメディアに撮られる、自らSNSなどにあげるなどをしている。世界各地で開かれるツアーを転戦し経験を積まなければプロになることができないが、金銭を含む豊富なサポートが必要で、そうした世界にアクセスするときにセックスで売る必要があるというのだ［*ibid.*］。サーフィン雑誌や動画などの女性サーファーのイメージは、まるで「サーフポルノ」［Rinehart 2015］である。リサハンターはこう述べている。

サーファー、波、ローカルたち、「ビーチ・ベイビー」のようなものがスコポフィリア（窃視症）的なまなざしの対象として構成される。主体—客体関係を支持する商品化された文化が存在する。サーフメディアは柔軟性も批判性もなく主体を食い物にする。サーフィンは根本的な目的が金儲なポピュラーカルチャーの人工物である。［lisahunter 2017］

これはすでに潤沢なスポンサーを得ているサーファーとて無縁ではない。ステファニー・ギルモアは一九八八年生まれのオーストラリア出身のプロサーファーであり、これまでに六回の優勝を経験するトップアスリートである。彼女が出演した二〇一三年ロキシープロ・ビアリッツのオフィシャル予告動画では、映るのは彼女の後姿、下着姿、ベッドに寝転んだりシャワーを浴びたりする上半身裸の姿、車を運転する横顔、服を脱いで水着に着替える姿、髪をかき上げる姿、臀部がクローズアップされるパドリング（水を漕いで進む）姿のみである。最初から最後までギルモアの顔も名前もサーフィンをする様子も映らない。このCMを問題視したシュマッカーとコマーらは「Roxy：Stop your "all sex, no Surf" ads!」と題した署名活動を行った(8)。その結果二万人以上の賛同を集め、ロキシー代表者に署名を手渡し、翌年のCMに批判を反映するとの回答を得ている［Comer 2017］。

若い女性サーファーたちの「美しさ」と「強さ」の両立は、サーフメディアの金儲けの手段として利用される。この悩ましい共犯関係をどう考えるべきだろうか。ヘイウッドは、女性身体はネオリベ的価値の広告塔として利用されているとしつつも、ステルスフェミニズムとして一部評価している。しかしリサハンターは、賞金格差[9]などプロ界の差別的な扱い、セックスを売らないとプロになれない現状、男性はパーソナリティや技術や強さで評価されるなど非対称性を指摘し、厳しく批判している。加えて最近ではセックスで売るのは実は効果的でなく、印象に残るのは商品ではなく刺激的な女性の身体やポーズでしかないという研究もある［Wirtz 2018］。「セックス、セックスのステレオタイプ、サーフポルノが、アスリートとしての女性サーファーを消去し、サーフィンのドクサにおける受動的な『ベイブス』を作り、またこの領域の現代的な体系（ontology）を構築してきた」［lisahunter 2017: 272］。

サーフフェミニズム

ではこの問題はどのように解決できるだろうか。コマーが示すのが「サーフフェミニズム（surfeminism）」という考え方である。そしてコマーが示すもうひとつのキーワードが、「フェミニスト・クリティカル・リージョナリズム」＝「ガールローカリズム（girlocalizm）」である。クリティカル・リージョナリズムは建築に対するアプローチのあり方についての用語で、ポストモダン建築において地域性・個別性・文脈性を無視した大衆資本主義化を批判し、ノスタルジックな保守主義と距離を取りつつも土着の素材や技術、実践を重んじる手法を重視する姿勢のことである。[10] コマーは著書［Comer 2010］において、カリフォルニア・ディアスポラとして世界中に広がったサーフィン文化が、いつしかカリフォルニア以外の場所に根付き、下からのグローバル化を及ぼす様子についてフィールドワークをもとに明らかにしている。女性が女性のために行うサーフスクール、サーフリトリート[11]、サーフショップ、サーフ組織の観察から明らかになるのは、女性が安心してサーフィンを楽しむ機会と時間と空間を女性サーファーが企画・提供していること、女性のエンパワメントである。これをコマーはサーフフェミニズムと考えているのである。先のリサハンターの論考にもあったように、サーフィンの中のフェミニズム、サーフィンを通じたフェミニズム、サーフフェミニズム、サーフィン産業はグローバルなサーフメディアを通じて女性のトップアスリートと女性イメージを性的に搾取（sexploitation）している［lisahunter 2017; Comer 2017］。サーフフェミニズムはこれを批判し対抗言説を提供するのである［Comer 2017: 248］。サーフィンを女性自身の手に取り戻すこと、性的に搾取されないこと、サーフィンを楽しむという原点に立ち返ることが必要であるという主張である。

もうひとつ、サーフィンをする女性を取り巻く問題へのアプローチとして、リサハンターが「サーフィンの脱セックス化？（クィア）教育学の可能性」（2017）と題した論考で示したものを見ておきたい。リサハンターは、「セックス」、「ジェンダー」、「セクシュアリティ」それぞれの視点でサーフィンを分析し、その抑圧性と問題性を指摘する。そのうえで、これらカテゴリーの不安定化、破壊、不明確化をすれば、それらはもうわかりやすいものではなくなるのではないかと提案する。具体的には、女性のサーフィンの表象を増やすこと（ベイブス以外の表象もしていくことと換言できるだろう）、女性への暴力の意識化、ゲイサーファーの「カミングアウト[12]」、企業やメディアの監視、他者とされてきた人たちのために場所を作るサーフィン調査（これはコマーが行ってきた調査があてはまるだろう）などである。差異の多様性を認め、広げ、実践する、「サーフィンの未来をクィアする」提案である。

5　残された課題としての一般女性サーファーの経験

ここまでサーフィンをする女性の身体がどのように利用され性的に搾取されているのかという点を中心に批判的に先行研究を振り返ってきた。この問題をさらに前に進めていくためには、これまでの研究が照準としてきたプロ組織やメディア表象の外側にいる大多数の一般サーファー女性たちが、こうした周縁化の圧力に対し具体的にどのように対応していけばいいのかという点を検討すべきだろう。サーフィンの世界を支える大多数の一般サーファーにとって、日々のよりローカルなサーフィンのなかで差別・排除はどのように経験されているのか、どのようにそれは見過ごされたり、あるいは抵抗されたりしているのだろうか。

こうした問題意識を共有する研究に、レベッカ・オリーブの「Women's recreational surfing: a patronizing experience」［Olive et al. 2015］がある。オリーブはここで「恩着せがましさ（patronizing）」という語を用いて、男らしさに価値が置かれたサーフィン文化の中で、一般サーファーたち（recreational surfer）が男性から恩着せがましいサポートが提供されたり支援者になろうとされたりすることを指摘し、女性のサーフィンを「茶番」として「本物の」サーファーとして扱わない差別・排除の行動様式を批判する。これはあからさまなものよりも一見親切にも見えるので反発・交渉しづらく、女性サーファーたちはただやり過ごしたり、性差別はないとノーマライズしたりする。

ところで男性サーファーたちが恩着せがましいふるいまいを女性に対して行うのは、女性を逸脱したものとして扱うことで何がそして誰が「本物のサーファー／サーフィン」なのかを確認する意味を持つ。「良いサーファー」という規範は、規範から外れるものからしか定義されないからである。女性たちは恩着せがましいサポートにより、サーフィン文化の中で常に差異化され排除される。恩着せがましいサポートというものが一般サーファーの日常に起きやすいのは、「メインストリームのスポーツとは異なり、男性用の空間、女性用の空間が分けられたり強制されたりすることもなく、特定のルールを課されることもないので、周縁化は男性と女性のパフォーマンスはこうあるべきだという文化的理解や期待を通じて生じる」[*ibid.*: 261] からである。

女性に対してだけに限らず、サーフィン文化では「サーファーになる方法を規制する文化的ヒエラルキー、ローカリズム、サーフレイジ（surf rage）[13] という排除表現の行為を通して」[*ibid.*: 261] 既存の権力システムの維持が行われてきた。「正統性（authenticity）」は、誰がシンボルの生産と循環をコントロールするのかについての問題である。サーファーの行動規範を支える「良いサーファー」のモデルは「白人、ヘテロセクシュアル、健康、男性、サーフィンのコアな参加者」[*ibid.*: 269] である。多くの男性にとって文化的パフォーマンスは彼ら自身のマスキュリニティの理解を維持することが中心となっており [Evers 2009]、「どこか不安な男性と若者の最後のフロンティア」なのである。こうしたサポートや励ましは、相手が男性ならば向けられないものだ。このようななかでは、男性のサーファーと女性のサーファーの経験というものは、明らかに別のものとなる。

オリーブがインタビューや参与観察を通じて女性サーファーたちから得た語りは、排除への反発ではなく、むしろ恩着せがましいサポートによって励まされたり、ローカル男性サーファーたちの一員として認められて心強い気持になったりするというものだった。彼女らはネガティブな経験は語らず、「女性らしいサーフィン」［Olive et al. 2015: 265］をしようとしている、サポートを得ることで「女性らしくいられる」、差別や排除はないと話すのである。しかしオリーブはこれを単なるやり過ごしや同調とみなさない。男性が支持する「良いサーファー」モデルとしてではなく、女性たちが自らを（女性サーファーでもなく、正統性を主張するのでもなく）「ごく一般のサーファー」と位置づけるのは、単なる従属というよりむしろ多面的な自己形成、かすかな抵抗、自己の再定義である。オリーブが希望を見出すのは、インタビューイーのひとりが差別や排除に直面しても「静かに落ち着いて」、そして「パドルで海に出て、サーフィンをし続ける」というふるまいである。その人はそれを「a big journey」と表現するが、恩を売られる女性のサーファーとしてではなく、ひとりのサーファーになるための長い旅という意味だろう。オリーブがこの行動に注目するのは、劇的な変化ではなくとも、ポテンシャルがあるからだ。「反論しにくい文化的な力について考える」［*ibid.*: 273］ということは、「反論しにくい抵抗の方法を考える」ことだからだ[14]。

こうしたオリーブのように一般サーファーのローカルなサーフィン文化におけるジェンダー関係を明らかにし、微細な相互作用を捉え、特に女性を主題化したものはまだ多くない。そういった意味でこの研究は示唆に富み大きな意義があるのだが、これはオーストラリアのローカルなサーフィンをする女性に対する聞き取り調査であるので、他の地域にもあてはまるだろうか。オリーブは日常的にサーフィンができる環境にいるローカルな一般女性を女性サーファーのマジョリティとしていたが、日本の場合は毎日サーフィンできる場所でローカルのコミュニティに属する人はマジョリティではない。地域ごとに特徴があるだろうし、調査者の立場によっても調査法によっても見えるものは異なるだろう。例えば、恩着せがましいサポートを否定的に語らない女性サーファーは、そうすることでローカルコミュニティ内において本人にそうせざるを得ない理由やあるいは「メリット」があるのかもしれないが、その内容について語っていない。仮に調査者自身に恩着せがましいサポートを受けた経験があれば、なぜそれを拒否せず黙認するのか、自分自身の経験として語ることができないだろうか。サーフィンをしているシーンと、それをとりまく日常と関係性を、よりトータルに見ること把握することが、ライフスタイルスポーツの研究には必要であり、調査者自身の口から語られるストーリーとその分析が必要とされている。

第2章　経験を記録する

本書は私自身のフィールドでの経験をエスノグラフィーの形で記述するが、ここではエスノグラフィーに関するこれまでの議論を概観しながら、本書のエスノグラフィーの特徴や目的を示す。

1　オートエスノグラフィー

エスノグラフィーにおける「私」

エスノグラフィーは「異文化」や「異民族」を対象とした参与観察の記録を意味し文化人類学において始まった。日本語で民族誌とも呼ばれる。有名なマリノフスキーによる『西太平洋の遠洋航海者』（1922）では、ニューギニア島沖にあるトロブリアント諸島での人々の暮らしについて記述されている。社会学においても、シカゴ学派と呼ばれるシカゴ学派社会学の社会学者たちによって多くの優れたエスノグラフィーが残されている。

二〇世紀前半におけるエスノグラフィーは、主に欧米の白人男性研究者によって展開し、「客観的」であること、主観を排して「事実」に基づいて分析することが目指されてきた。しかし一九七〇年代に入ると、調査する側である欧米や日本などの先進国の人類学者と調査される側であるアジアやアフリカの開発途上国の人々の間に、固定的で非対称的な権力関係があることが厳しく批判された。「科学的調査、とりわけ人間的ふれあいと交流を売り物にするフィールド調査こそが、不平等なシステムを覆い隠し、弱者の周縁的関位置をさらに固定するために貢献してきたことが暴露された」［松田 2003: 503］たのである。

その後、エスノグラフィーの中に積極的に「私」という一人称が用いられ、調査者個人の感情や考え、行動や関係性が登場するようになった。例えばナッシュとウィントロフによる「セルフ志向の人類学」は、主観を排除してきた人類学の権力作用を批判し、再生をかけた試みとして、積極的に自己意識と自省とを取り入れている。［Nash & Wintrob 1972］。

さらに一九八〇年代を迎えると、エスノグラフィーはさらなる批判にさらされることになった。いわゆる『文化を書く *Writing Culture*』（1985）ショックである。同名の著書でクリフォードとマーカスが客観的事実の報告と見られてきた民族誌が、じつは、詩学と政治学の産物であると宣言したからである。それはすなわちフィールドワークは科学ではなく、詩を作ったり物語を書いたりする営為と寸分違わず、調査者の主観、読者を説得するためのレトリックなど、フィクションを創作する手法と同じものが使われていることを暴いたのだった。以降、客観主義は否定され、人類学を危機においやるほどの大きな潮流が起きることとなった。

エスノグラフィーの挑戦

こうした批判を受けたフィールドワークやエスノグラフィーは、その後改善のための試みを行ってきた。さまざまな手法があるが、ひとつには、自己再帰性（self-reflexivity）に注力したエスノグラフィーである。自己再帰性とは、「何を、どこで、どのような存在として、見たのか。それをなぜ、どのように、書くのか。この『自分自身へ折り返すこと』を」〔北村 2013: 31〕指す。例えばここでは被調査者がより能動的な調査協力者へと捉えなおされることになったり、現地の人々の解釈も同じレベルで取り上げる多声法という手法を取ったりすることである。もうひとつは、ポジショナリティへの問いかけであり、調査者自身の人種、エスニシティ、性別、階層等の特定の属性からくる立場によって、誰が、何を、どのように、どこから見るのか、書くのかについての批判的な問いである。フィールドワークやエスノグラフィーはこうした潮流の中で新しい表現の形式を生み出してきた。民族性や宗教性、人種性に注目した「ネイティブのエスノグラフィー」、記述者の個人的な伝記に重きを置いた「セルフのエスノグラフィー」、「自伝的エスノグラフィー」、そのほか「フェミニストエスノグラフィー」や「オートエスノグラフィー」と呼ばれる様式である。

オートエスノグラフィー

オートエスノグラフィーは「調査者が自分自身自分自身を研究対象とし、自分の主観的な経験を表現しながら、それを自己再帰的に考察する手法」〔藤田 2013: 104〕である。そこで語られるのは、「文化というレンズを通した自分自身の／自分自身についての物語」であり、「私たちがどのようにして個人的なそして文化的な経験を知るようになるか、名付けるのか、そして解釈するのかについての芸術的で分析的な実演」である。これまで主観的だとして切り捨てられてきた個人の経験、感情の動き、人々との関係も取り上げられる。ただし、単に個人の経験の暴露をすればよいというわけではない。祖父の死に直面したルース・ベハーは六つの個人的なエッセイを記述し、主体的なアプローチの例を示しているが、「自己の暴露は、そうしなければたどり着けない場所に読者を連れていくものでなければならない。議論に必須であるからなされるべきなのであって、装飾や粉飾、暴露のための暴露であってはならない」〔Behar 1996: 14〕としている。

オートエスノグラフィーの条件として牛田は「集団に対するほとんど永続的な帰属意識」、「（必ずしもネイティブには限定されないが）十全なる内部成員権」に加え、調査者が集団の文化の型になじむために生じる「自分自身を変容」すること、「認識者から行為者になる」ことを要求されると述べている。単に内部者というだけで語りえるのではないのは当然であるが、同時に、外部者の観察しにくい生活習慣に接近すること、そして深くかつ繊細なレベルで共有している共感や感動の気持ちという感情的及び感覚的な次元においても、容易に接近し、入手し得ると考えるのである〔牛田 2004〕。

オートエスノグラフィーにおける調査者は、調査地の人間関係に巻き込まれ、文化内部の行為者になる。調査者として守られる存在でも、自己を開示しないポジションにもない。調査地では非常に脆弱な存在になる可能性もある。エスノグラファーの脆弱性は被傷性（vulnerability）と呼ばれる。

被傷性を前面に押し出した人類学は、異文化を客体として描くことに限界を感じた人類学者たちによるパーソナル指向の人類学のひとつの方向性である［松田 2001］。ベハーは *The Vulnerable Observer: anthropology that breaks your heart*（1996）と題した著書で、人類学が慣習的に立ってきた客観性、科学的な距離について厳しく批判し、主体的に自分自身の感情にコミットすべきだとした。

ところで、被傷性をキーワードに政治の問題を問うたジュディス・バトラーは、人間が被傷性を持った存在であり、同時に人を傷つけてしまう可傷性を持った存在であるとし、暴力や喪失の体験を共有することからどのように自己と他者との関係を再び結んでいけるかを論じている［Butler 2004=2007］。バトラーが想定しているのは九・一一とその後の「テロとの戦い」を経験したアメリカ合衆国社会であるが、興味深いのは「傷つきやすさ」というキーワードは、アメリカの例に限らず、人と人との関係を考えるうえで重要な省察を生み出す点である。グローバルでローカルな文化的格差に引き裂かれた自己と他者の関係を構築できるかは、根源的に自己の身体は他者との共同性にさらされており、傷つきやすく傷つけやすいものであるという認識からスタートできるという考え方である。これはフィールドに出るエスノグラファーにとって重要な示唆となるのではないだろうか。調査者という権力性を持った私たちは、思わぬ形でその脆弱性を暴露される。フィールドにおいて不安や恐れ、とまどいや混乱を抱えがちなエスノグラファーに、そのことこそが人と関係を取り結ぶということ、他者と生きるということそのものであるということがわかれば、一歩踏み出す勇気をもたらすし、「私たちが他者との関係によって構成されているだけでなく、それによって自分が剥奪されてしまうのはいったいどういうわけなのか」について考えたり、自己のポジショナリティについて自省するきっかけをもたらしたりするだろう。

以上、オートエスノグラフィーの特徴をまとめると、オートエスノグラフィーとは、自分自身が自分自身を研究対象とし、自分の主観的な経験や感情を表現しながら、自己再帰的に考察する手法であり、個人の物語を、より広い文化、政治、社会的意味、理解と結びつけていく、単なる暴露にとどまらない方法ということになる。さて、いま一度本書の中核であるサーフィンのフィールドワークにひきつけて考えれば、サーフィン研究をオートエスノグラフィーによって分析する意義は、インタビューや外部者には語られないものにアクセスする機会を得るということになる。前章で見たオリーブの研究では、恩着せがましいサポートへのネガティブな評価はなかなか語られなかったが、オートエスノグラフィーによって調査者自身が自分の経験を語ることが可能になれば、サーフィンをする女性の多くが経験する恩着せがましいサポートは、いつどのようにして起きるのか、それを受けたときどう感じるか、それをネガティブに評価しないどのような理由があるのか、ということを書きとめることができるかもしれない。ネガティブな評価をしなかった女性は、ローカルサーファーに守られている気持ちがすると語っていたが、この女性はローカリティを共有しない外部のサーファーにとっては強い立場の人になるかもしれない。こうした流動的なカテゴリーについても明らかにできるだろう。オリーブが目指したような、スポーツの周囲で起きる日常的な性差別についていて、オートエスノグラフィーは「客観的な事実」に縛られることなく描き出しうる可能性を持っているのである。

2 フェミニストエスノグラフィー

女性の経験に光をあてる

Autoethnography を著したトニー・アダムスは、著書の冒頭でアメリカ人小説家のジョーン・ディディオンの力強いことば「私たちは生きるために語る（we tell stories in order to live）」を引用しこう言う。「私たちは生きること、そしてよりよく生きることを可能にするために語る」[Adams et al. 2015: 1]。私たちが自分の物語を話したり、人の物語を聞いたりすると、変わることがないと思われる現実が実は別の可能性や生き方もありうると希望を見出したり、自分以外にも同じ経験をしている人を知り心強く感じたりすることがある。フェミニストエスノグラフィーは、ひとつには、女性がこれまで沈黙させられてきた女性の経験に光を当てる営みである。ディディオンにならえば、女性は生きるために語る、そしてよりよく生きることを可能にするために語ると言い換えることができるだろう。

女性の経験や関心、興味などが研究対象として重視されてこなかったのは、春日キスヨによると「価値中立的で客観的と見なされた実証主義の社会認識の基底に、男性中心社会の先験的知をおいて成り立って」[春日 1995: 170] きたからである。「女性の生物学的特性」とされてきたもの（直観的、非合理的、依存的、感情的）が実は人間＝男性にとって望ましいとされてきた残余にすぎず、「その残余の特性を男性中心社会の『他者』として周縁に排除した女性に生物学的特性として付与」している［同書］。それゆえ女性固有の生活の現実は明らかにされてこず、フェミニスト研究者がエスノグラフという方法に導かれたのである。

フェミニストエスノグラフィーのもうひとつの特徴は、相互に関与しあい、共感し、連帯し、感情的に交感し、育成しあう——シスターフッド——である。調査対象としてではなく、抑圧された経験を共有する者どうしの親密で対等な関係性である［Oakley 1981］。男性エスノグラファーたちが行ってきた科学的に距離を取って客観性を担保しようとする姿勢に代わり、フェミニズムにもとづく研究者倫理を強調した。「主体と客体、政治的なことと個人的なこと、知識の占有者と非所有者といった二元論的枠組」［春日 1995: 171］に挑戦し、それを乗り越えるものとして登場したのである。

このようにして女性研究者たちは女性学やフェミニスト・リサーチの名のもとに、既存のパラダイムを覆すことを目指し、女による女のための方法論を確立しようとしてきた。初期のフェミニストエスノグラファーたちが重視したシスターフッドは、「被抑圧者としての女性たちが内在化したマイナスの自己評価をプラスの者に変える集団の力として大きな効力を発揮」［同書：172］していったのである。

フェミニストエスノグラフィーの可能性

ところが一九八〇年代以降になると、開発途上国の女性や「有色女性」たちが当時のフェミニズムの白人中産階級中心主義に異議申し立てし、女の経験の多様性や差異を指摘しはじめ、また「女」が社会的に構築されたカテゴリーであるとみなす構築主義も登場しはじめると、ナイーブな「女」の連帯や解放も、「女」ならではの配慮や共感能力があるという前提も批判にさらされようになる。調査する側であることの多い西洋社会の女性と、調査される側になることの多い非西洋社会の女性の間には支配関係があり、女性の中の差異には十分注意を払う必要がある。川橋範子の言うように、「研究者が女性であるという事実そのものは解釈の妥当性を保証しない。『書くこと』の問題から『フェミニズム』の戦略を付加すれば自動的にフェミニストエスノグラフィーがさまざまな『書くこと』の問題から解放されるのではない」［川橋 1997: 72］のである。これまで声を、存在を封じられてきた女性が連帯し始め、女性的な価値（シスターフッド）がようやく立ち上がった時に、女性というカテゴリーの解体を主張してもよいのかという批判もあった。しかしながら、女性間の差異を同質性に還元してしまえば非対称的な権力関係は無視されてしまう。調査者は調査が終わればいつでも調査地をあとにすることができる。どこまで親密になっても、そういった圧倒的な非対称性は消えることがない。したがって、女性同士が親密になるほど、書くことで利用する調査する側の行為は調査される側への二重の背信行為になる危険性があるという認識が、フェミニストエスノグラファーらに共有されている［川橋 1997; Wolf 1996; 小橋 1996］。

それではフェミニストエスノグラフィーはいかにして可能になるのか。相手の女性を調査の対象としてではなく、企画段階から協力をしてもらい、その過程や結果が女性たちのエンパワメントに結びつけ、利益を得るきっかけとなるよう企図するアクション・リサーチと呼ばれる方法がある。

しかしながら、女性のエンパワメントを重視したとしても、調査者の支配性が免除されるわけではない。加えて、実際は継続的に効果を上げることが難しく、女性について書くこと自体が構造の変化を起こすわけではないとも言われる［Wolf 1996］。また、相手の女性たちはすでに声を持っている集団である場合、あるいはセクシズムに満ちた集団をフィールドワークしている場合もあるので［McQueeney 2013］、相手を常に特権的な立場においてこちらがエンパワメントするということがフェミニストエスノグラフィーの第一義的に重要な要件としてあげられるわけではない。

中谷文美がより深い共感を覚えるとしてあげているのが、『『フィールドでの出会いかた』を手がかりにした自/他関係と自己のポジショナリティの再考』という方向性である。自己と他者の権力関係は消えないものの、「お互いの深部に触れるような気持の通い合いを実感する場面」［中谷 2001: 123］もあるとする。また、調査者の構造的な優位さはありつつも、調査現場の「ミクロな社会関係においてはより弱い、依存した立場に立つ（立たされる）ことがありうる」［*ibid.*］として、関係性は固定的ではないことも指摘する。北村文の次のことばに、ポジショナリティの問題に向き合う困難と可能性がにじみ出ている。

女性たちを定義し、利用するとともに、定義され、利用され、あるいはそのいっさいを拒絶されて。そうしたできごとのひとつひとつ——抑圧や軋轢や矛盾や抵抗——をとおして、このとりとめのない、不確かな、流動的な「女」というものを考えよう。「女」が「女」と語るときに生起する、限りなく幻想に近い、しかし真実らしく感じられる同一性、いわば葛藤をともなう共感の気持ちを、不可避に変形させながらもどうにか記録しようとする、私たちの不可能な試みを、フェミニストの方法論と呼ぼう。〔北村 2006: 23〕

誰のために何を書くのか、どの位置から書くのかを突き詰めるならば、「異文化」の女性を「他者化」したり、その問題について論じたりするのではなく、自分自身の暮らす日常の世界に目を向けるという方向性についても考えるべきだろう。「故郷の人類学（anthropology at home）」と呼ばれる手法は、文字通り調査者自身の故郷でフィールドワークを行うことを指す。本書はオートエスノグラフィーの知見を活かしつつ、フェミニズムの視座に基づいて、女性である私が体験したサーフィンについて記述しようとするものである。中谷が加藤秀一をひきつつ言うように、「女」というアイデンティティを「本質主義的に固定するのでも構築主義的に解消するのでもない別の語り方に向けて開いていくという、別の態度」〔中谷 2001: 126〕[1]で、フィールドに向き合う方法を本書では採用していくことにする。

3　本書の調査について

ここでは私がこれまで実施してきた調査に関して、調査の方法や期間、ポジションについて述べる。

期間と場所

冒頭でもふれたが、私のサーフィンの経験は一九九四年一一月に、レノックスサーフショップのサーファーたちと知り合ったことに始まる。海でサーフィンをする体験は翌年の四月で、その間の期間は、ときおりショップに行ってサーファーたちと話をしたり、ウエットスーツを注文したり、海でサーフィンをする彼らのビデオ撮影などを行ったりして過ごした。スポーツや運動の習慣がなかったので、フィットネスジムでスイム、ラン、マシンでの筋力トレーニングなどの軽い運動をして準備した。この頃から一九九七年の三月末までは、このショップのサーファーたちと主に行動を共にしている。その間、一九九五年の六月から一九九五年の九月まで、ショップの店番のアルバイトも経験した。店に来るのはだいたい二〇名前後の一〇代から三〇代くらいの男性が中心で、多くは週末に海に通うことが多かった。行動範囲としては、春から夏にかけては東海地域のサーフポイントが中心で、秋から冬にかけては日本海側の諸地域に足を延ばしたこともある。季節や天候により、サーフィンに適し自分の技量に合うところへ移動する必要があるからだ。

一九九七年四月に、大学院進学をするため関西地域に引っ越しをした。最初のうちは、東海地域の実家に寄りながら、海に通い、レノックスのサーファーたちとも交流は続いた。一九九八年頃からはインターネットでも情報収集するようになり、一九九九年にはネットで知り合った女性サーファーたちと実際に会って、一緒にサーフィンをしたりしている。一九九九年に私はもともと行っていたボディボードからショートと呼ばれる短いサーフボードに転向している。ネットを通じて出会った女性たちは皆ショートに乗る人たちで、その後はショートの女性たちと知り合っていった。

二〇〇〇年には関西地域に来てから知り合ったショートの女性に、近郊のサーフポイントに連れてきてもらった。その女性がかつて住み込みのアルバイトをしながらサーフィンをしていた話を聞いたり、その地域でプロサーファーとして活躍していた女性を紹介してもらったりしているうちに、移住してみたくなった。二〇〇一年の九月から一二月まで、さらに紹介をしてもらった現役のプロサーファーの家の一部屋を借りながら生活することになる。この地で暮らすたくさんのサーファー――都会から移住したサーファーや地元生まれのサーファー、サーフィンで生計を立てるショップオーナー家族やプロサーファーたちなどと出会い、日常にサーフィンがある暮らしや、サーフィンを中心とした暮らしを垣間見ることになる。関西地域に来てからは、三重県や和歌山県、高知県や徳島県、鳥取県や島根県などに足を延ばすようになった。まとまった休みには宮崎県にも繰り返し訪れるようになった。試合やイベントに参加するため、千葉県、神奈川県、東京都（新島）などにも遠征したことがある。

二〇〇二年の二月から三月にはオーストラリアにおいて、部屋を貸してくれたプロサーファーの方と一緒に滞在している。二〇〇三年と二〇〇五年と二〇〇七年には計三か月間、アメリカに滞在している。また二〇〇八年には一か月のオーストラリアへの再訪もしている。その間、ハワイやメキシコでのサーフィン経験もある。最初のオーストラリア滞在以外は基本的に単身での渡航であるが、現地で知り合ったサーファーたちと部屋をシェアしたり、シェアルームを探して安価な宿泊場所を見つけたりして、行動をともにすることもあった。二〇〇六年からは宮崎県にも毎年行くようになった。二〇一六年にはサーフィン学会に出席するためニュージーランドを訪れ、サーフィンをしている。

このように、居住地域に合わせてサーフィンをする場所が変わることや、天候や技量に応じて適切な場所に移動すること、そしてネットワークができ情報にアクセスできるようになって海外への旅が可能になることは、継続的なサーファーの多くが経験することである。私のフィールドも、こうした環境の変化に応じて変化していった。

手法

次は調査の方法についてである。サーファーにかかわり始めた一九九五年当時は、サーフィン文化は全く未知の新しい世界であったので、いわゆる一般的なフィールドワークと同様に、基本的にはその日一日に起きたことをフィールドノート[2]に記録していた。折に触れて写真やビデオに画像や動画を残した。また、電話で半構造的なインタビューを行ったこともある。

関西地域に引っ越してからは、海に入る日はすべてブログを記録し始めた。ひとつは、二〇〇一年八月から二〇〇二年三月までのものと[3]、もうひとつは、二〇〇二年四月から二〇〇四年一二月までのものである[4]。

同時に、多くのサーファーたちと同じように、サーフィンの雑誌やビデオ等（のちにDVDや動画サイトも）をみたり購入したりして、サーフィンのスキルを学んだり、トレンドを知ったり、好きなサーファーの動向を見たりしている。インターネットを使って、ホームページや情報掲示板等で情報発信・交換するサーファーが増え始めた頃でもあったので、ウェブサイトで情報を得ることも徐々に多くなっていった。サーフィン関連の映画は、ハリウッドなどの商業映画から自主上映の小規模なものまで、できる限り観るようにした。

二〇〇二年くらいから始まる海外滞在では、調査費用を直接的に助成されていたこともあり、また母国語でない英語でのやりとりだったので、備忘と正確を期すために、フィールドノート、写真、動画の記録付け、インタビューの会話録音は意識的に行っている。

記録として比較的詳細に残しているのは二〇〇八年のオーストラリアの滞在までで、その後は特にノートを取ることはあまりしていない。サーフィンの国内外の統括組織やその動向などは、インターネットやその他でフォローするようにしている。インスタグラムやフェイスブックなどに情報が流れることも多いので、プロサーファーやプロ組織などはフォローしながらニュースを追うようにしている。

ポジション

サーファーと出会った一九九四年当時、私はオートエスノグラフィーという手法を知らなかったので、エスノグラフィーを書くためには、フィールドワークを行い、フィールドノートをつけるのが基本だと思っていた。分析の必要に応じ、インタビューを行ったのも、自分の所属する場所について自分の目を通して書くことがポジションとして許されるものだとは思えず、他の人の語りを「客観的に」捉えようとしたことを表している。とはいえ、ほとんどの時間は記録メディアを使わず、周りのサーファーと同じようにサーフィンをしたり、旅をしたり、ショップで話し込んだり、食事に行ったり、飲みに出かけたりして過ごしていた。

こうした初期の頃の調査の間じゅう私の心の中にずっとあったのは、サーファーたちにカメラや録音機器を向けるということの居心地の悪さである。私が当時大学院生でサーフィンの調査をしているということを、周囲のサーファーは知っていたが、どのようなポジションでそれを行っていたかを私は明確には理解していなかったし、彼らに示すことがなかった。客観的な立場を取らなければ調査をすることができないとどこかで考えていた自分と、それよりもなによりもまずサーフィンが好きで調査者としてではなく、ひとりのサーファーとしてその場にいたい自分との間で、切り裂かれるような思いをしていたのだろう。親密さを装って相手を利用するのは二重の背信行為であるとフェミニストエスノグラファーは言ったが、これは「居心地の悪さ」として片づけていいことではなかった。調査者であるという権力性の自覚と自分のポジショナリティへの自省を持って、誠実であること、対等であることとはどういうことなのかということを常に意識し、更新しながら過ごすべきだろう。少なくとも今思い返すと、二〇〇八年のオーストラリア滞在までは、エスノグラフィーのスタンスに何らかの迷いがあったし、サーフィンが自分のライフスタイルとして定着するまでの不安定さがあった。

私はサーフィンの世界においては、技量も乏しく、気持ち的には万年初心者、しかも日本人の女性で、サーフィンの文化内で評価されるタイプの「美貌」もコミュニケーション能力も持ち合わせていないので、ヒエラルキー的にはかなり低いところに位置するだろう。本書はそうしたサーファーが見ることができた世界という限定があることはお断りしておかなくてはならない。また、私が集中的にサーフショップを通じてサーフィンにかかわったのが一九九五年から二〇〇〇年代であるという時代的制約的な限界や、サーフィン文化への感受性についての世代的限界もあると思う。その後も現在までサーフィンは継続して行っているが、細々としたかかわりではあるので知らない動向も多いかもしれない。反対に研究によって英語で書かれたウェブサイトや海外文献から得られる情報は以前よりもあるので、日本のサーフメディアで話題になっていないことも知りえることがある。

一九九四年から執筆時までの長い時間を範囲としているので、私のポジションについて一言で言い表すことは難しい。最初の頃に出会ったサーファーたちにとって私は後輩で、大学院に行っているちょっと変わった女だ。海外で出会ったプロサーファーやプロの卵たちにとって、私は異国から来た素性の良くわからない素人サーファーだ。非常に脆弱で傷つきやすい立場にあるときもあれば、カメラやボイスレコーダーを向ける暴力的な存在でもある。自分の「故郷」で行うエスノグラフィーであるが、調査者としての、そして女性としてのポジションは常に影響を与え、葛藤と共感のなかでどうにかして記録していったものである。

なお、プライバシーへの配慮のため、本書内で登場するサーファーやショップ名、チーム名等は(一部を除き)すべて仮名であり、該当する地域についても曖昧にしたり、変更したりしている。

第Ⅱ部

〈女性〉が経験するサーフィン

第3章　サーフィンを始める

1　あこがれから現実に

私の最初の「サーフィン」との出会いは、実際にサーフィンをした一九九五年よりもだいぶ時をさかのぼる。小学四年生頃だっただろうか。姉と一緒に近所の美容院に行き、当時流行していた「サーファー・カット」にしてもらったのだ。髪のサイドに少し段を入れ（今でいうレイヤー）、ドライヤーの熱で、まるで潮風に流されたようなくせをつける髪型である。どんな髪型にしようか、五つ年上の姉と雑誌をめくりながら、その場の「ノリ」で決めた。すてきな髪型にしてもらい、鏡の中の自分は少し大人になったような気がした。しかし家に帰ると母親から、子どもらしくないと叱られた。一緒にいたという理由で姉も叱られていた気がする。しかしもう切ってしまった髪の毛は戻らない。開き直った私は、家にあったクルクルドライヤー（細いドライヤーの先にブラシがついていて、カールをつけやすくなっている）で、毎朝ブロー（ドライヤーで髪型を整えて）して登校した。子ども心にもサーフィン文化が持つ体制への抵抗、大人への反発、スタイル至上主義のようなものを感じ取り、「サーフィンはかっこいい」と思ったのだろうか。「サーファー・カット」事件以来、サーフィンを体験した今でも、心の中にずっとサーフィンやサーファーへのあこがれが棲み続けている。

一九八九年頃には、エースコック社が「スーパーカップ」というインスタントカップ麺の宣伝で、サーフィンをする若者たちを登場させた。湘南のサーフチームのサーファーたちがサーフィンをする場面が映しだされ、その後、お腹をすかせたサーファーたちは、海岸に座ってスーパーカップをおいしそうに食べる。その中の一人の女性が、「おいしい。グラッチェグラッチェ」と笑顔で言うのである。このCMから受けた鮮烈な印象を忘れることができない。都会的で、かっこよく、女性も日に焼けていて、とても快活そうで、楽しそうだと思った。サーフィンへの届かぬあこがれは強まるばかりだった。

しかしなかなか現実のサーファーやサーフィンには出会えなかった。郊外の新興住宅街に住む自分の周囲には、サーフィンをしている人は誰もおらず、海も遠かったのでサーフィン自体をこの目で見ることもできなかった。中学や高校になると、私立の女子校だったせいか早熟な人も多く、いわゆる「かわいい」あるいは「きれいな」同級生や先輩たちは、サーファーの彼氏とつきあっていたり、サーファーの経営しているバーなどに出入りしたりしていた。残念ながら私にはそうしたご縁は訪れなかった。大学に進学してできた彼氏は「元サーファー」の人だった。大学に入って、社会人の男性にドライブに連れて行ってもらい、サーフィンを初めて目にすることができたときはとてもうれしかった。自宅から車で二時間ほどかかるその海岸には、たくさんのサーファーが集まり、ウエットスーツ（ウエット）[1]に身を包んでサーフィンを楽しんでいた。「元サーファー」のその人に、もう一度サーフィンを始めればいいのにと強く勧めたが、その気はなさそうだったのが残念だった。自分でもサーフィンをやってみたいと思ったが、公共の交通手段ではアクセスできない場所なので、どうしても車が必要になる。車を持っていなかったので通うことはできなかった。

なかなかサーフィンに近づくことができなかったが、ついにその日がやって来る。地元の大学院に通っていたとき、同級生の友人が「サーファーのコンパ（男女同数の出会い目的の飲み会）があるから来ないか」と誘ってくれたのだ。即座に「行く」と返事をして参加した。そこにはやっと「本物の」サーファーがいて、海の話をいろいろと話してくれた。私があまりに前のめりだったせいか、ひとりの人が自分の通う「ショップ」に来ないかと誘ってくれた。これが一九九四年一一月に初めて訪れたサーフショップ「レノックス」である。

私をコンパに誘った友人と一緒に、レノックスを訪れることになった。レノックスのある地区は、手工・金属・機械・化学等の工場地帯である。鉄道の高架がすぐそばに迫る一角にあり、電車の通る音が時折響きわたる。建物は二階建てで、表に向かって小さなウインドウディスプレーがなされており、サーフボードが飾られ、ネオンサインが輝いていた。恐る恐る扉を開け中に入ると、ショップのオーナーである遠野さん（当時三五歳）がいて、あたたかく迎えてくれた。室内には陳列棚にウエットスーツやワックス、衣類などが並べられ、新品のサーフボードが何本か立てかけてある。店内には、サーフボードの滑り止めに使うワックスや、芳香剤の甘いココナッツの匂いが立ちこめていた。奥にはもうひとつ部屋があり、ここではテレビと机、イス、修理中のボード、写真等が飾ってあり、集まってきたサーファーたちがここで時間を過ごすことができるようになっていた。

私たちもその部屋の一角に座り、なぜサーフィンを始めたいと思ったかとか、林田くん（当時三〇歳）がどう誘ってきたのかなど聞かれたりした。ぜひサーフィンを始めたいと言うと、冬場は初心者には向かないので、暖かくなってからのほうがいいと言われ、四月に始めることになった。店では、私をショップに誘ってくれた林田くん、遠野さんの後輩にあたるひさしくんと北野くん（どちらも当時二六歳）にも会った。二人は同じ中学校に通ったつきあいの長い親友同士である。つきあいの長い彼らは、気心が知れたものどうし、とても仲が良い。彼らが会話の中で用いるサーフィンの用語などは、外国語のように全くわからなかったが、そうしたものも含めて未知の新しい世界が目の前に広がっているような気持ちになった。さわやかで明るい彼らにすっかり魅了され、店を後にした。

これ以降、私はしばしばこの店に出入りするようになり、ショップに集まるさまざまなメンバーと顔見知りになっていった。週末に海に行く彼らの車に乗せてもらい、岸でビデオ撮影の係をしたりするようになった。海には入れなくても、そこにいるだけで気分がよく、とても幸せな気持ちだった。最初ショップに一緒に行った女友だちは、あまり来なくなり、ついにサーフィンを始めることはなかった。

2　ボディボードからのスタート

サーフィンを始めると決めた四月は、東海地域では寒さを防ぐために長袖長ズボン型のウエットスーツが必要となる。厚さや生地にも多種多様な種類があって、季節に適したもの、それぞれの好みやお財布の都合に合わせて選ばれている。私はショップで周囲のサーファーたちに相談しながら、「ラバーの5ミリ×3ミリ」を注文することにした。これは、上半身はラバーと呼ばれるゴム素材で覆われていて、5ミリ厚の生地になっており、動きの多い部分はジャージ素材の3ミリ厚になっており、暖かさと動きやすさを両立した作りであることを意味する。長く続けるつもりだったので、つるし（展示品）ではなく、採寸してもらい、オーダー品を購入した。メーカーのロゴやマークなどを配置してもらうことも可能で、胸元や下肢のサイドのところに入れてもらった。価格は五万円以上したと思う。高価なのでなかなか買い替えることができないが、新しいウエットは柔らかく着心地がいい。オーダー品のスペックを考える時間は、サーファーにとってとても楽しくわくわくする時間だ。

ところで私は最初、サーフィンに使う道具として、ボディボードを選んだ。ショップで板はどうするかという話になったとき、選択肢としてボディボード、ショート（ショートボード）、ロング（ロングボード）があった。ショートは立ち上がるのが難しいと聞いたことがあったし、林田くんが「女の子ならボディボード」がいいと勧めたこともあり、ボディボードをすることにした。

今でこそサーフィンも、ソフトボードという身体に当たっても痛くない素材の板が開発され、サーフィンを始めた日に板の上に立ちあがるということが難しくなくなったが、一九九五年当時はショートボードを選ぶサーファーは、短く安定性の悪い板で必死になって練習をしていた。その日に立ち上がることは、ほとんどの人にとってはほぼ不可能に近く、楽しめるようになるまでには膨大な時間の練習量が要る。ボディボードではそうしたものを一気に飛び越え、すぐ波に乗る楽しさを味わうことができるとされている。柔らかく短い板に腹ばいになり、足につけたフィンで推進力をつけるので、誰でも安全に遊ぶことができる。その容易さゆえか、「あんなもの簡単でしょう」とか、「俺もできる」とショップのサーファーたちに言われ、見下されるようなことを言われるもあった。若い男性が新規の客としてショップに来ると、「男ならサーフィンやれば」と勧める場面を目にした。その反対に、女性がボディボードを選んでも何も言われていなかった。

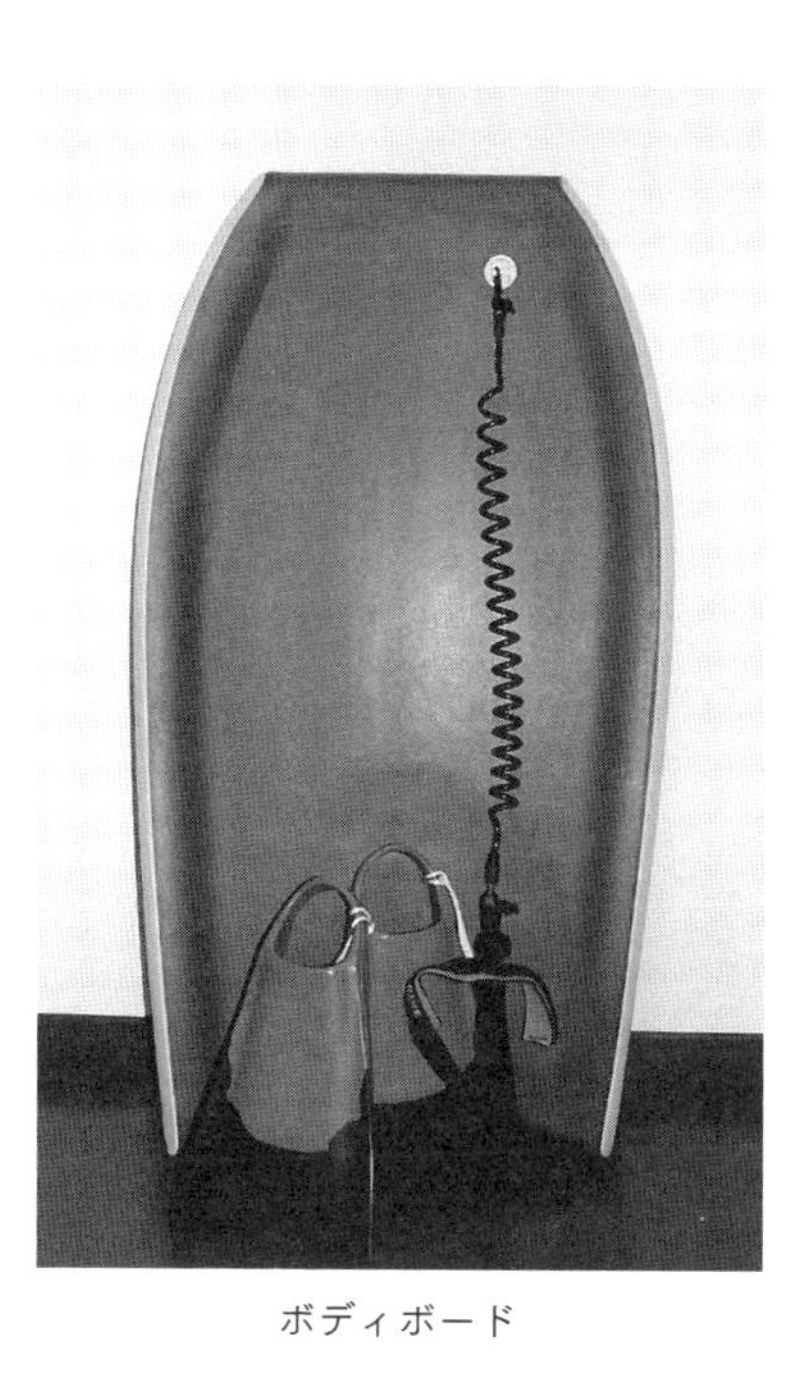

ボディボード

簡単と聞いていたボディボードだったが、いよいよサーフィンをしてみた日のフィールドノートにはこう記していた。

着替えて海に入るが、ドルフィンができない。外から見るのと違って波が大きく見える。インターバルも少ない。結局アウトに出られず、落ち込む。出られない初心者が他にもたくさんいた。雨が降り始めた。房田くんは心配して何度も来てくれて教えてくれたが、期待に応えられず申し訳ない（一九九五年四月四日）。

なんとも悲しげな感想である[2]。アウトに出られないというのは、岸近くで割れる波を越えて沖に行くことができないという意味である。割れる波には大きな力があり、ある程度以上の大きさになると、まともにぶつかると衝撃で吹き飛ばされてしまう。また、ジャンプして超えることもできなくなる。そんな時は、インパクトゾーンの力を受けないようにする、波の下を板と一緒に潜るドルフィンスルー（ドルフィン）という技術がある。これが見るとやるとでは大違いで、初心者には難しい。私が海に行った日は、腰から胸くらいのサイズの波が来ていて（サーファーは背丈の大きさで波を表現することがある）、インターバルが少なく、波が次々やってくる日だったので、ドルフィンスルーをする必要があった。頭ではわかっていても、まったくできなくて、一緒に行った房田くんのいる場所までたどりつけなかった。これを林田くんは「腰でクローズ」（腰の大きさで出られない波）と言って私を笑い、他の人もそれを聞いて笑った。通常は腰の大きさの波は小さな部類で、クローズなどと表現されないからだ。

待ちきれないほど楽しみしていた初めてのサーフィンは、恐ろしい体験だった。波が途切れなくおしよせ、足がつかない場所では同じ位置にいることすらままならない。そもそも多くのサーファーたちが波を待つ場所（沖）にすら到達できない。波は想像以上に力強く、かつて味わったことのない怖さを感じた。そんな私の表情は固く厳しいものだったであろう。恐怖心が消えるまで長い時間がかかり、周囲のサーファーに、「楽しんでる？」「ほんとにサーフィン好きなの？」「海の中ではしかめ面をするな！ 笑え！ 楽しそうにしろ！」などと言われ続けた。それほど恐ろしい体験ではあったが、海の中ですごす独特の開放感や、サーファーたちの生き生きとした様子に惹かれ、いつしか休日の時間すべてがサーフィンのために費やされるようになっていった。

私は自分の車を持っていたが、最初のうちはショップや他の待ち合わせ場所に車を置いて他の人に乗せていってもらうことが多かった。というのも、私たちが通う海はビーチブレイク（砂浜の海岸で割れる波）だったので、天候その他で良い波が割れるところは変わるし、一日のうちでも潮の満ち引きや風の強さや向きによって、コンディションは刻々と移り変わり、その変化に初心者は対応できないからである。波を予測し、眺めることで状況を見極めるのは経験が必要である。天気予報、潮見表、口コミの情報、過去の経験などを総動員して、サーファーたちは行く場所を決めている。また、実際に波を見ても、どこで波を待てばいいのか、危険はないのか、どこにカレント（流れ）があるか、どこからゲティングアウト（沖に出ること。ゲットと略されることも）すればいいのかなど、初心者は全く分からないが、通うようになるとそうしたことがわかってきて、「波が見えて」くるのである。危険を回避し、かつ上達の近道として、経験者と行動を共にすることは、とても大事なことだということを繰り返し教えられた。

何度も通ううちに、少しずつ波に乗れるようになっていった。乗れるようになるほど楽しくなった。相変らず海は怖くて、ひどく巻かれると苦しい思いをするのだが、もっと上手になりたいという気持ちはさらに強くなる一方で、ショップの仲間と一緒に長い一日を共に過ごすのは実に楽しかった。ある一日のスケジュールは次のようなものである。

一九九八年三月二〇日（金）
20：00　ショップに電話。明日、海に行く人がいないか確認。
21：00　再度電話して、集合場所と時間を確認。
一九九八年三月二一日（土）
3：00　起床
3：45　一緒に行くひさしくんを電話で起こす。
4：00すぎ　ショップ前集合。車三台に分乗して出発。途中コンビニで朝食を購入。
7：00　ポイント到着、チェック（波の良い場所を探す）。
　　三か所ほど移動しながらチェック。
8：00〜12：00　某ポイントで1ラウンド目のサーフィン。
12：00　近くの喫茶店兼民宿で昼食。
13：00〜15：00　車内で昼寝。
15：00〜18：30　某ポイントで2ラウンド目のサーフィン。
19：00　帰路途中のコンビニで軽食

21：00　ショップ近くの焼肉屋で夕食。
0：00　帰宅。ウエットの洗濯、荷物の整理、入浴、就寝。

この日は波がそれほど良くなかったのと、大人数での行動だったこともあり、かなりゆとりのあるスケジュールになっている。それでも一日中海で過ごすことは、初心者にとって精神的・体力的にきついと感じられる。見知らぬサーファーに囲まれ、入ったことのない海に入り、楽しいことも多いが不安や疲労も大きい。次第にこのペースに慣れ、人に慣れ、サーフィンに慣れてくると、波の良い日は休憩時間を少なくしたり、もっと早い時間から海に入ったりするようになる。週末しかサーフィンの出来ないサーファーにとって、一日の時間は貴重である。

3　大小の壁

レノックスのサーファーたちと一緒にサーフィンをするようになって、こまごまとした困りごとや、他の男性サーファーたちとは違う経験だなと思うことに出会うようになった。それは例えば、サーフィンをするということへの周囲の理解や評価や、女性の沿っている、男性とは異なる行動様式による「手間」である。サーフィンを阻むほどの壁としては私自身には感じられなかったが、それ以上にサーフィンをしたい気持ちが強かっただけで、それがなければ大きな障壁となっていたかもしれない。

男性のサーファーとの間にある最も身近な違いは、着替えやお手洗いにまつわるものだと思う。ウエットはゴム製やジャージ製で、身体にぴったりとした作りになっている。水が入ってきては保温・防寒にならないからである。着慣れていないとウエットの着脱は時間がかかり、なかなか着脱できなくて手間取る。焦ったり汗ばんだりする。男性の場合はウエットの下に何も着ない人もいるようだが、女性は中に水着を着るので、着替えも少し余分に時間がかかる。

しかも着替えは屋外である。海岸沿いに更衣室がある場合はきわめてまれである。自宅や宿泊先の目の前に海がなければ、車でポイントまで行って、そこで着替えるのだが、車の後ろでタオルなどを巻き付けて、公衆の面前で水着に着替えなければならないのである。家から水着を服の下に来ていくことも可能だが、水着の肩紐は肩がこるし窮屈なのを我慢しなければならない。水着を着ていったとしても、やはり服を脱いでウエットを着るのは外でしなければならない。慣れてくると、タオルをうまく使って非常に素早く着替えることができるようになるが（着替え用のポンチョなども売っている）、それでも外には違いなく、すれ違う車に乗るサーファーや観光客などの視線を感じながらである。道行くそうした人たちに口笛を吹かれたりする「キャットコール」（路上でのセクシュアル・ハラスメント）は、女性サーファーならおそらく誰もが経験をしていると思う。男性の場合は、タオルを下半身に巻き付ければ、比較的露出は少なくできる。稀にではあるが、路上で全裸になり、どこもかくさず着替える男性もいる。

サーフポイントにはトイレもない場合のほうが多い。お手洗いは、道中のコンビニや道の駅などで済ませておくのだが、男性サーファーの場合は道端ですませる人もいる。お手洗いにかかる時間や手間もやはり女性の方が多いので、男性サーファーたちと一緒に行動していると、待たせないように気を使わねばならなかった。

着替えたあとは日焼け止めを塗ったり、海から上がった後は、濡れて絡まった髪の毛のケアや、日焼け止めを落として保湿し、塗りなおしたりするケアなども、女性は行っている人が多い。こうしたこともやはり、男性より余分に手間ひまがかかる。

海に入るとなると、メイクをしていても落ちてしまう、髪の毛が乱れる、水着姿を多少なりとも人目にさらす、身体の線が見えるウエットスーツを着る、日焼けをする。いわゆる「女性のみだしなみ」と言われるものと真っ向から対立することをせざるを得なくなる。潮水で濡れることや日焼けするのが嫌で、海は嫌いだと言う女性は私の周りにたくさんいる。こうした女性のジェンダー規範にかかわることによって、サーフィンへのアクセスが制限されることがある。

これとかかわることで、周囲からの「サーフィンをする」ことへの評価についても男女差があると感じた。私の場合はサーフィンをすることを親は反対こそしなかったが、ネガティブな評価をしていることがなんとなく伝わってきた。特に母親からである。後にコンテストで入賞しても、母親はまったく喜びも褒めもしなかった。父親は、私があまりに夢中になっていたので、一度海に連れて行ってくれと言うので連れて行ったことがある。溺れないか気が気でなかったと言いつつも、気持ちがよさそうだと笑っていた。周囲の友人などからは「かっこいい」と言われることが多かったが、女性からの「私もやってみたい」は社交辞令であることも多かった。

サーフィンは車で行かなければならないことも、女性の参加を阻みがちだと感じた。運転免許を取り、車を買い、それを維持するのはお金がかかる。私の周囲では、免許を持って運転をしていても、親の車であるなど、自分だけが自由に乗れる車を持っている女性はそれほど多くなかった。車を持っている男性に乗せていってもらうのを繰り返す女性もいた。他の人に乗せていってもらって海に通うこともできるが、自分の行きたいときに行って、好きなだけ海にいるには、車は必需品である。[3]

4 ショップで見聞きする話

サーフィンを初めて三か月が経った頃、遠野さんにショップでアルバイトをしないかと誘われた。ボディボードブームに乗じて、女性客が来るようになったので、ウエットの採寸をしたり、相談に乗ったりして欲しいとのことだった。私はうれしくて二つ返事で引き受け、それから週に一、二回、店番をするようになった。

アルバイトとしてショップで過ごす時間が長くなると、訪れるサーファーたちのことをよく知れるようになった。つきあいの長い彼らは、互いの面白いエピソードや、恥ずかしい話、失敗談などをたくさん持っていて、折に触れて繰り返し語られ、笑いが起きる。仲間と集まる醍醐味は、サーフィンという楽しい経験の共有だが、レノックスではこうしたたくさんの笑い話の共有もその重要な部分を担っていたと思う。私がショップに来た時に、最初に親しくしてもらった人たちをあげながら、その人にまつわるエピソードを紹介したい。

まずレノックスのオーナーである遠野さんは、工作機械の設計からメンテナンスまでを引き受ける会社の経営主で、妻と三人の子どもを持つ男性である。サーフィンを始めたのは一九歳である。若いときには、サーフィンの大会に出場して好成績を収める優れたサーファーであった。遠野さんにとってレノックスは「仲間と集まる口実」であり、仲間と過ごす時間を大切にしていた。何年か経ってからこの頃のレノックスを振り返って、遠野さんはこの頃まだ三〇歳だったのに、大人だったなと話すサーファーがいた。落ち着いていたし、皆に対し優しかった。サーファーたちは遠野さんに厚い信頼を寄せていることがよくわかった。

遠野さんと歳がいくつも違わない林田くんは、当時ヨーロッパにちょうど移り住み、宝石鑑定の仕事をしていた。彼も若いときにつてをたどってサーフィンを始め、遠野さんも所属していたショップを訪れた。遠野さんが話してくれた林田くんとの出会いは、初対面の時、遠野さんが海に入っている間に、林田くんが遠野さんのチョコレートを断りもなく全部食べてしまう出来事から始まる。その当時を知らない若いサーファー達も、笑いながら林田くんの人となりを知り、林田くんといえば食べ物がらみで話題が持ち上がることになる。林田くんがヨーロッパに移住する前、海のそばの定食屋に行った。魚フライ定食が最も安価でおいしい。メニューには何も書かれていないが、各自が空腹度に応じて魚フライの数を通常の二切れから三切れに変更し、ご飯を大盛りにする。店の人が注文を受けにやってくると、例えば「魚フライ三切れ大盛り」と注文するのである。しかし林田くんは「魚フライ三切れタルタルタルソース大盛り」と上をいく注文をするのである。それを聞いたひさしくんは「タルタルソース大盛りはないでしょう」と呆れ笑ったが、その後はみんな林田くんを真似て「タルタルソース大盛り」を注文するようになった。私は皆が「タルタルソース大盛り」を注文する度に、林田くんを思い出していた。

遠野さんと林田くんより少し年下になるのが、ひさしくんと北野くんである。二人は高校生の時にサーフィンに出会い、電車で海に通っていた。卒業後、遠野さんが他店で店長をしているときに客として訪れ、それ以来の長いつきあいとなる。ひさしくんは大手企業の営業職を長くしており、北野くんの話によるとトップ・セールスだそうだ。当時のレノックスの中心的な人で、少し口は悪いが面倒見もよく、年上の人たちにかわいがられていた。ひさしくんの率直な時に辛辣な物言いに、私を古くから知る友人のマキは、ひさしくんに何を言われても全く怒らない私を見て「鍛えられるね」と言った。新しく来た人にも率先して話しかけたりして、慣れた人にはからかったりしながら、レノックスの仲間関係を盛り上げていた。

北野くんも面倒見がよく、私がはじめてショップに来て、そしてアルバイトをするようになったとき、慣れない仕事や悩み事など、本当によくよく相談に乗ってくれた。ショップの女性の何人かをいつも連れ出してくれ、食事やお酒をごちそうしてくれた。彼はよくしゃべり、酒が入るとさらに明るくなる。林田くんが外国に転勤が決まり、ショップで送別会を開いたとき、幹事は北野くんであった。この時も北野くんは私に、林田くんには私が一番世話になったのだから、花でも買っていけよと言い、言われた通り花束を渡すと林田くんに喜ばれた。

野田くんは、このショップでは唯一私と同じ年のサーファーだった。もともと工務店に勤務していたが、資格取得などを経て、現在は独立して建築や内装関連の仕事を請け負う仕事についた。遠野さんの先輩であり、遠野さんが勤務していた店のオーナーの白川さんという人がいる。この白川さんに、電車の駅からサーフボードを持って歩く高校生だった野田くんは、車に乗せてもらい、海まで送ってもらったことから、知り合うようになったのである。北野くんやひさしくんが野田くんについて語るエピソードは、レノックスのメンバーと海外旅行に行ったときのことである。野田くんはビーチサンダルしか持っていなかったので、ひさしくんから靴を借りた。しかし野田くんはその靴を返さず、帰国してからのコンパ会場にその靴を履いて登場し、ひさしくんは驚いたそうだ。また、野田くんは一人で外国にサーフトリップに出かけたとき、現地で詐欺のギャンブルに巻き込まれた。そこで借金を返せなくなり、サーフボードも置いたまま、「怖い人たち」から逃れて、着の身着のまま日本に帰ってきたという。そんな危ないことをよくするわ、というニュアンスでこの話は披露される。ひさしくんはその話の「オチ」として、野田くんが現地に置いてきたサーフボードにはバラの花がプリントしてあったことをあげる。ひさしくんは、そんなセンスはおかしい、「オカマっぽい」と言い、みなが笑うのである。

第4章　男同士の絆

レノックスのメンバーの九割程度は男性サーファーだった。彼らの男同士の関係性はどのようなものか、この章では明らかにしていきたい。サーフィンのきっかけ、人間関係、そして女性のかかわり、そして最後に、女性の排除と利用がいかに正当化され維持されていくかについて記していく。

1　ショップとチーム員

周囲にはサーフィンをしている人がほとんどいなかったので、サーフィンを始めるきっかけをつかむのに時間がかかってしまった。また、一緒に行動していた女友だちがサーフィンから遠ざかることで、自分の立ち位置も揺らいでしまったように感じた。こうしたことは、レノックスに集う男性のサーファーたちの経験とは少し異なる。レノックスは遠野さんが本業の仕事とは別の「仲間が集まる口実」と語るように、宣伝もしていない。九割がたが近所に住んでおり、同じ学校の先輩・

後輩、友人や兄弟・親戚で、そうした関係の中で誘われることがきっかけとなっていた。

例えば、オーナーである遠野さんはいとこから誘われてサーフィンを始めた。暴走族が一世を風靡した一九七〇年代だった。高校を中退し一九歳だった遠野さんも、他の多くの若者と同じように、夜な夜な暴走に繰り出していたという。当時はアルバイトで生活し、定職には就いていなかった。親戚の叔父に当たる人は、心配して何とか彼を更正させようとしていたという。そんな中、遠野さんはいとこに誘われて行った海で、たちまちサーフィンの虜になり、暴走からすっかり足を洗ってしまった。サーフィンなど簡単だと思っていたのに、全然うまくできなくて、悔しかった。うまくいかないのは、バイクの場合は機械の性能によるところが大きいが、サーフィンの場合は全て自分のせいであったため、くやしさが一層つのったのだそうだ。そのうち現在までつき合いの続く尊敬すべき先輩に出会い、今でも忘れられない思い出のチームであるレッドロックスサーフの一員となった。

遠野さんの後輩にあたるひさしくんと北野くんは、同じ中学校に通ったつきあいの長い親友同士である。サーフィンを始める前は「おおちゃくかった（悪かった）」そうだ。彼らが特に悪かったというよりも、生徒同士が喧嘩をしたり、校内暴力を起こしたり、シンナーを吸ったりということが日常的に行われていたような、学校が荒れていた時代であった。彼らは違う高校に通い始めたが、その頃流行していたサーフィンをやってみることにした。女の子にもてたかったからだ。しかしそのうちに、二人はサーフィン自体に夢中になって海に通いはじめた。高校生の頃は電車で海に通った。高校を卒業すると二人は一緒に車の生産ラインの工場に就職した。給料で小さな車を買い、自由に海に行けるようになった。この間に、遠野さんに出会う。遠野さんが自分の店であるレノックスを開店すると、彼らは遠野さんにくっついて今のショップに移ってきた。

その後の世代も、同じように何らかの関係のある人が連れてこられて定着し、その人がまた別の人を連れてくるということを繰り返す。こうしてショップに集うサーファーの小さなコミュニティがつくられていくのである。女性の場合は、レノックスの男性サーファーと交際している人、あるいは私のように何のつながりもなかったがコンパなどで知り合ってサーフィンを始めるようになるなどであり、土地のつながりはあまりなかった。

サーファーがショップに来るのは、用具を購入するとき、壊れた用具を修理してほしいとき、サーファー同士の情報交換や単なる雑談をしたいとき、集合場所として使うときである。現在でこそインターネットの普及により、情報も安価な用具も比較的容易に手に入るようになったが、メジャーなスポーツのように体育や部活動で経験することもなく、周囲に愛好者がいなければ、以前はショップに来て教えを乞うほかなかったのである。商品を購入することで、修理やメンテナンスのサービスを受けられることもあるし、一緒に海に行ってアドバイスをもらったりすることもできる。何度か購入の経験があれば、無利子で分割払いにしてもらうこともあった。お金がない若い人には、無料かかなりの格安で中古品がないか探してもらうということもあった。

レノックスでは季節ごとにイベントが開催されていた。春には花見、夏にはバーベキュー、冬は日本海などの遠方の民宿に泊まりがけで行って、サーフィンと忘年会あるいは新年会を行ったりした。参加人数はおよそ二〇人前後から、多くて四五人くらいだった。転勤や引越をするメンバーがいる場合には、送別会が催される。これ以外では、不定期的に国内及び国外へのサーフ・トリップ（サーフィンを目的とした旅行）がある。トリップは皆に参加を呼びかけるというより、親しい仲間同士が集まって行くものだ。お盆や正月の時期、あるいは有給休暇を取るなどして出かけていく。国内各地のほか、国外ではバリ、ハワイ、カリフォルニア、オーストラリアなどである。これらの催しには宴会がつきもので、大変な量の酒が消費される。そのうちの何回かの忘年会では、騒ぎすぎたり備品を壊したりして、いわゆる「出禁（出入り禁止）」になることもあった。

2　集団の上下関係

レノックスには、年齢・所属年数・技術に応じた力関係がある[1]。常にはっきりと区別されているわけではなく、状況によって変化し錯綜している。その場ごとに微妙な使い分けやゆらぎなどがあり、サーファーたちはこの三つの基準や状況を参照し調整を計りながらの言動を行っている。仲間集団を越えたところでのサーファー全体の中での序列は、これとはまた別の基準が作用してくる[2]。ここではあくまでもショップ内部での力関係について限定する。

年齢

年齢の上下関係は、互いの呼び方や言葉づかいにあらわれている。例えばオーナーの遠野さんは、ショップに最もコミットしている二〇人くらいのサーファーの中で最年長であり、皆が彼のことを遠野さんと、「さん付け」で呼び、「です・ます調」の敬語・丁寧語で話をする。同年代同士や年下へは、「呼び捨て」か「あだ名」での呼びかけとなる。「です・ます調」と言っても、時折同年代の友人へのような言葉づかいになることもあり、「〜っす」・「〜っすよ」などとバリエーションがある。この年上への名前への「さん付け」と「です・ます調」は最も優先されるルールである。なぜならば、このルールはほかの二つの基準で低いところに位置していても、ほとんど破られることがないからである。つまりどんなにサーフィンが上手くなくても、ショップに来たばかりで何も分からなくても、年が上の場合は必ず「さん付け」と「です・ます調」で扱われる。しかし言葉づかいが丁寧にされるからといって、尊敬の対象になるとは限らない。年が上にもかかわらずサーフィンが上手くないと、言葉は丁寧なのに接し方は敬意を払われていないということも起こる。敬意を払われているかどうかは、例えばよく話題をふってもらえる、あるいはその人の話を聞いてもらえるなどである。

所属年数

所属年数による上下関係も、言葉づかいに現れる。言葉づかいの崩れが、関係の経過年数が多いほどよくあらわれてくる。例えば、オーナーの遠野さんのすぐ下の世代であるひさしくんと北野くんは、遠野さんに話しをするとき、時折「です・ます調」が崩れて「〜でしょう」などとなる。基本的には敬語の線が守られているが、彼らのように年が比較的近くてつきあいが長いと、これが許されている。しかし彼らでさえも遠野さんを「さん付け」以外では決して呼ばない。ひさしくんや北野くんの下の世代の北部くんや後藤くんも、年上への「さん付け」を守っている。当初彼らも上の世代への緊張感があって「です・ます調」の崩れは見られなかったが、彼らも自分の下に後輩ができるなど所属年数が長くなって、それが起こってきていた。

年齢や経験によって力関係が決まる場面も多いが、そこに性別もからんで、状況に応じた上下関係が形成される。後藤くんとその同級生たちは先輩には「さん」づけで丁寧語を使うことが多いが、冗談で私を呼び捨てにしたり、年下に対するようになれなれしい口調で話し掛けたりすることがある。

技術レベル

海に入れば誰が上手かということが、一瞬にして明らかとなる。上手な人は数多く波に乗るし、大きな波でも躊躇せずに沖に出て、人一倍素早くテイクオフ（波に乗り始めるときの動作）することができるし、波に応じた技を繰り出すことができる。他のどの側面も上位に位置せずとも、海の中ではこれがほとんど全てとなるほどだ。一番良い場所で波を待ち、一番始めにテイクオフする権利も技量も持っている。サーフィンは動く波を使うスポーツなので、一番良い場所で誰が待ってもいいのか、そして誰が最初に行ってもいいのかということは、暗黙のうちに決まってくる。この暗黙のルールがわからないと、「リズム」を崩す人と見なされて嫌われたり、ひどい場合は「上がれ」と海の中から追い出されたりもする。

そしてドロップインといって途中から割り込んで波に乗ることも、基本的なルールとしては禁止されているが、上から下へは黙認されてしまうこともある。他人同士であれば、下位から上位への妨害は、怒鳴られたり、追い出されたり、波に乗せてもらえないなどの嫌がらせを受けることもある。ショップの仲間同士の場合は、冗談に済ませたり、嫌みを言ったり、からかったりで終わる。だから仲間同士で海に入るとなごやかな雰囲気となりがちである。しかしいったん岸にあがってしまうと、高度な技術の効果は減ってしまう場合もある。レノックスの中で野田くんは、恐いもの知らずの「つっこみ」を見せるサーファーで、遠野さんが大きな波を見て「俺は行かんけど野田なら行くな」と言われる。しかし、岸に上がって話しをすると、年上のひさしくんに「ギャグが寒い（冗談がおもしろくない）、エアコン」と評され、からかわれていることがよくあった。

おもしろさ

レノックスで力関係を規定していたのは、「おもしろさ」もあると思う。おもしろさというのは、笑いを取る会話ができるというだけではない。冗談を言って場を盛り上げるだけでなく、おもしろい話題を提供できるかにもよるように見えた。その人のおもしろくて印象的なエピソードをくり返し持ち出し、その人をからかって笑いを取るのだ。

先にもふれたが、メンバーの野田くんのサンダルについてのエピソードはなかなかのものだったと思う。野田くんの独特な個性は、他のメンバーたちに気に入られていた。サーフィンに泊まりがけで行くとき、ひとつの部屋に数人が一緒に寝る。よくしゃべる北野くんは、いびきがうるさいと批判され、「昼もうるさい。寝てもうるさい」とひさしくんが言って、皆が笑っていた。

レノックスの中では一緒にいて楽しい人かどうかということは重要だった。酒を飲んでも冷静な人や、海でも慎重な振る舞いで失敗をしない人はおもしろさに欠けると思われている節があった。それよりも酔って失敗をしたり、海の中で話題を集めるパフォーマンスを繰り広げたりする人の方が、皆に好かれているように見えた。

服装

レノックスの中でよく耳にした話題のひとつは、服装にかかわることである。例えば松田くんはレノックスに来た頃から服装の趣味が悪いと評判であった。彼はサーファー用の洋服のメーカーにこだわらず、「アシックス」などの一般的なスポーツメーカーのTシャツを身につけており、そのことで周りのサーファーにからかわれていた。自分では服を買わず、親が買ってきた服をそのまま着ていると本人は言っていた。通常サーフィンを始めたばかりの頃は、あまりメーカーを知らないこともあって、見た目がサーファーらしくないことはよくある。しかし彼の場合は比較的長くサーフィンをしているのに、服装は「ださい（格好悪い）」ままであったのだ。

松田くんの服装を皆が「安心して」からかうことができたのは、松田くんがいわゆる「イケメン」の部類であったからではないかと私は思っている。他に服装に無頓着な人がいてもそのような扱いは受けていなかった。松田くんが笑いのターゲットにされるのは、実はそれほど「格好悪い」わけではないからだ。そんな松田くんも、いつしかサーフィンブランドのTシャツや短パンを身につけるようになっていった。

サーフィンを始めて半年以上経過したとき、ひさしくんが私に「変わったよな、ましになった。はじめ変な格好してたもんな」と言ってきたことがある。どのように「変」だったのか、はっきりとは教えてもらえなかったが、おそらくサーファーらしくない、あるいはサーファーのひさしくんから見て「ださ」かったのだろう。

服装の他にも体型に関する批判もよくある。林田くんは比較的大きめの体格で、周りのサーファーは、「そんなに食べると太るよ」と言ったり、食べ物にこだわる彼の性質や行動を持ち出したりして笑うことがよくあった。私たちは海に行くとコンビニエンス・ストアに立ち寄って食料を調達するのだが、その際に彼は商品の原材料をとても細かくチェックする。そして店内にいる時間が誰よりも長い。そのことをたびたび会話の中で持ち出されるのである。女性のコマサの場合も、久しぶりにショップを訪れたとき、中にいたサーファーに、「（あまりに太って）誰かわからんかった（わからなかった）」と言われ、ショックを受けていた。私もよく他のサーファーに、太ったとか痩せたとか言われ、太ったと言われれば食べるものや量を少し気にしたりしていた。

ジェンダー化された道具

波に乗る道具には、それぞれのイメージや意味が付与されており、ジェンダー化されている。[3] レノックスのサーファーたちにとって最も価値の高い男らしさはショートボードに乗ることのように見えた。レノックスに初めて足を踏み入れた人が男性で、彼がどのようなボードに乗るのか迷っていたとき、オーナーたちは「やっぱり男ならサーフィンでしょう」と言って、サーフボードに乗ることを勧めていた。しかもその人が若ければ、ショートボードと呼ばれる短い板を勧めていた。ショートボードは板が短い分、鋭いアクションをすることが可能になるのだが、バランスを取るのが難しく、推進力を得るためのパドル（手で漕ぐこと）を必要とするので著しく体力を消耗し、年をとってから新たに始めるのは困難だと考えられている。

ロングボードと呼ばれる長いボードは、ボードが長くて安定感があるので、とりあえず波に乗ることは容易であり、ゆったりとした雰囲気に人気もある。しかし、ロングボードに対して、年をとって体力がなくなってからするものと考えている人もいるのか、当時の若い男性たちはショートボードを好む傾向があり、レノックスにロングボーダーはほとんどいなかった。

ロングボードよりもさらに敬遠されるのはボディボードで、レノックスに来る男性のボディボーダーは一人もいなかった。一度だけ道具を買って始めた人がいたが、すぐにやめてしまって来なくなった。サーフボードと異なり、ボディボードは腹這いで板に乗り、足にフィンと呼ばれる足ヒレをつける。男性のボディボーダーが影で嘲笑の的として扱われているのを、インターネット上のコミュニケーションや現実の会話の中で実際に見聞きした（「男でボディボードってどうよ？」）。ボディボードへの、そして特に男性のボディボーダーへの差別的なまなざしは、当時の私も内面化していたし、男性のボディボーダーや男性のロングボーダーより、ショートボードに乗る男性サーファーの方が「かっこいい」と考えていたと思う。

私が所属する前に一人だけ女性でショートボードをする多恵子さんがいたが、彼女はレノックスのサーファーとの交際をきっかけに、「一緒の趣味を持っていた方がいいと思って」サーフィンを始めた。しかし交際をしなくなってからはレノックスに来ることはなくなり、その後サーフィンを続けたかどうかはわからない。

3 男らしさの表現

レノックスの中では「男らしさ」の表現と思われる行動がなされていた。女性を利用して「男らしさ」を際立たせることもあるし、女性を排除することで「男同士の絆」を深め維持することもあった。セクシズムにもとづく発言や行動についても考えてみる。

ナンパとコンパとサーフィンをしない女性

レノックスのサーファーたちはよく飲む。サーフィンの合間や終了後、缶ビールを飲んだり居酒屋に行ったり、海でバーベキューをしながら、あるいは泊まりがけで忘・新年会を開催して飲む。またサーフィンとは別に、市内の繁華街へ飲みに行くこともある。ショップに来た頃、全く飲めなかった若者がどんどん酒に強くなっていく様を何度も見たことがある。

私が参加することができなかった飲み会は、コンパである。サーフィンを始めたのは「女の子にもてたかったから」であると、何人ものサーファーの口から聞いたことがある。当時のレノックスのサーファーたちは、コンパやナンパを頻繁に行って、海やショップに連れて来るなどして、この世界にかかわらせていた。コンパをきっかけに、女性と親密な関係に至ることもあるようだった。

交際相手がいる人も既婚者も参加していた。特定の相手がいることと他の誰かと知り合って親密になることは、彼らの言葉で言えばそれは「全く別物」なので問題がないと考えているようだった。相手の女性を「食えるか／食えないか」で評価している語りにも出会った。[4]

また、サーフトリップと呼ばれる国内外のサーフィンを目的とした旅の中でも、女性との出会いやつきあいは、実際に行動を起こすかどうかはともかくとして、楽しみのひとつになっている。サーファーたちが潮の満ち引きを調べるために見る「ビーチコーミング」という潮見表には、全国のサーフポイントの紹介とともに、その土地の見知らぬ女性に声をかけるナンパのテクニックやナンパの場所、風俗店の紹介・感想などがこの当時は掲載されていた（現在はない）[5]。私は残念ながら彼らがコンパをしている場に居合わせたことはないが、海で女性を品定めしたり声をかけたりする場面はしばしば目にした。既婚者の男性サーファーが、妻以外の女性を連れて海に来たり、海外へのサーフィン旅行へ出かけていったりする様子も、レノックス以外の場でも幾度となく目にした。

これとは逆に、女性がサーファーで交際相手がサーフィンをしない男性の場合、レノックスに連れてくることはなかったと思う。コマサも新しく交際するようになった男性がサーファーではなく、彼女がサーフィンをすることを快く思われなかったと言っていた。レノックスではない場所で知り合った女性サーファーも、サーファー以外の男性と交際していて、相手が理解したうえでサーフィンを継続している例はなかった。サーフィンを辞めるか、あるいはサーファーと交際・結婚して継続する選択をしていた。

私は頻繁に、「（勤務先の）学生を海に連れて来い」と言われたのだが、学生ならだれでもいいわけではなく、「若い女性」の学生を意味している。「男ならサーフィンやりたい子いるんだけど」というと、即座に「男なんてどうでもいいです」という答えが返ってきた。しかしたとえ彼らの言う「学生（サーフィンに連れていってほしいと言われた）」を誘おうとしても、メンバーだけが集まる忘年会の行事などは、「レノックスだけでしましょうよ」と言われたことがある。しかし男性サーファーたちの女性の交際相手たちは、サーフィンをしない人でも参加していた。

サーフィン以外でも彼らはパチンコ、麻雀、釣り、サッカーなどをして遊ぶ。私も釣りは一度だけ一緒に行ったことがあるが、他の遊びにはルールなどがわからないので加わることができなかった。サーフィンの映画もよく観たが、そのなかでも女性はいつのまにか男性たちの仲間関係や男性の関心事から外されている場面があった。イギリスを舞台にしたコメディタッチのサーフィン映画『ブルー・ジュース』[6]でも、いい波が来ると彼女とのデートをすっぽかしてサーフィンに出かけるサーファーが出てくる。『ハートブルー（原題は『ポイントブレイク』）』というアメリカ映画でも、サーファーの仲間同士で銀行強盗をする場合、それまで登場していた仲間の女性サーファー（サーフィンの腕前は「男並」であるのに）はいつのまにか除外されていて、男同士のあつい友情が表現されているのである。[7]

「サーファーの彼女はかわいい」とか、「サーファーの彼女はかわいくないといけない」という言葉を何度か聞くことがあった。連れてくる女性がかわいくなければならないのは、それによって集団内の地位が左右されるのであろう。少なくとも、本人の意図にかかわらず、若く美しい女性と一緒にいることはうらやましがられたり高く評価されたりしていたのを見た。

恩着せがましい親切

サーフィンは楽しいが、つらくて苦しいときも多い。水の力は想像していたよりも強いし、巻かれれば水を飲んだり、海底にたたきつけられたり、流されて戻れなくなり、けがをすることもある。長い時間とコミットメントが必要となるこの困難なスポーツを継続することができるのは、ひとつには仲間からの叱咤激励があるからではないかと思う。

初心者の頃は波が少しでも大きいと私は沖に出られなかった。しかし出られないとメンバーたちから、マキやコマサ、あるいは初心者の男性サーファーなどと比較され、悔しい思いをする。沖に出られず、仕方なく岸に座って沖にいる皆を眺めていると、林田くんに「休むなんて一〇年早い。えらくても（身体が辛くても）やるから体力がつくんだ」と叱られた。絶望的な気持ちに追い打ちをかけられた気分だった。ちなみに岸に座って、波に乗るサーファーたちを眺める状況は、「岸で体操座り」といって見下される。反対に頑張ると褒められたり、あたたかい言葉がかけられたりするときがあり、そのときの喜びはひとしおで、とても楽しいものに思えた。

男性サーファーの場合、その叱咤は女性との比較を用いて執拗に向けられることもあった。女性サーファーが大きな波で沖に出ていたら、「女に負けるな」と挑発され、男性サーファーは出ないわけにはいかないのである。そのほか、「寒い、怖い、疲れた」などの態度やことばも、私は構わず口にしていたが、ふと気づくと若い初心者男性たちはほとんど口にしていなかった。冬の厳しい時期には、夏と変わらず海に来る女性は、男性よりも圧倒的に少ない。

女性への「恩着せがましさ」〔Olive et al. 2015〕もよくあった。例えば、知らない男性サーファーから、「このポイントはこっちに流れ（や岩）があるから、あっちの方から出たほうがいいよ」と、なぜか何年も通いなれた場所で初心者に対するような「助言」を受けたことがある。レノックスの中では、飲食を共にすると、私は「女の子」として安い代金徴収された（男三〇〇〇円、女二〇〇〇円など）。年齢からいえば、年下の男性たちもいたが、彼らは「男性として」私よりも多く払っていた。他にも、私が海の中で見知らぬサーファーの不注意から板を飛ばされて危険な目にあったとき、五つ年下の後藤くんはすかさず傍に来てそのサーファーを叱り飛ばし、怪我がないか心配したことがあった。海岸までのアクセス時に、足元が滑りやすい場所や不安定で高い場所を通らなければならないときがあるが、見ず知らずのサーファーが板を持ってくれ、私は身ひとつでそこをよじ登り、あとから板を渡してもらうなどということが何度もあった。

また、よく一緒にボディボードをしていたコマサという女性は、初心者の時、知らない間に流されて、テトラポットのほうにどんどん近づいて行ってしまった。自分の位置を初心者はよく認識できず、気づいたときには手遅れになる場合がある。コマサは気づいたサーファーたちに戻るよう言われたが、流れがきつくて戻ることができなくなった。テトラポットは、水が吸い込まれて勢いを弱める消波機能がある。吸い込まれると出られなくなって大変危険だ。後藤くんは手遅れになる前にコマサを助けに行き、無事二人とも帰還できたことがある。

こういう「恩着せがましさ」を私はどう思ったか。正直なところ、レノックス内で受ける「恩着せがましさ」は、少なくとも当時はうれしく感じた。場合によっては厳冬期の日本海側の海など、男性しかおらず緊張感あふれるときもあり、あるいはサーファーでごったがえした夏の海のなかでルールを守らないサーファーによって危険に満ちた状況では、誰かが見てくれているという安心感は大きかった。女だとわかると平気で波を奪ったり、危ない目にあっても謝罪されず逃げられたりすることはよくあることだからだ。男性と同じ場所にいるということは、それまでに男性よりも多くの大小の壁を乗り越えているし、そこから先も女性というだけでこうむる不利益があるのだから、男性より優遇されたり親切を受けたりすることはまったく問題がないと当時の私は考えていたと思う。

さらには、女性に対しては特別に怪我の心配をする「恩着せがましい」親切もある。未婚女性がサーフィンによって怪我をしたり、怪我の危険に遭遇したりすると、「嫁入り前の娘なんだから気をつけてね」と言われる。スポーツに怪我はつきもので、無論女性だけが危険な目に遭うわけではない。また、「女性の身体は男性と違って冷えに弱い」という言説も根強く、「冷やさないように」と言われることもよくあった。先の「怪我の心配」も、男性サーファーからとは限らず、親や友人、知り合い、他の女性サーファーなど、さまざまな人から言われた経験がある。しかしながら、実際のところ、男性よりも寒さに強い女性サーファーも多いし、人一倍寒がりな男性もいる。個人差もあると思うが、身体への「配慮」はなぜか女性だけが受けるのである。

セクシュアル・ハラスメント

より直接的な女性排除の行動として、セクシュアル・ハラスメントがある。最もよくあったのが、会話の中で冗談めかし、交際相手について聞かれたり、その交際相手との性関係について尋ねられたりすることだった。また、私は飲み会でスカートをめくられたことがある。大人になってからスカートをめくられるなど想像もできなかった。心底驚いたし猛烈に腹が立った。

またこんな経験もした。関西在住のサーファー同士で、波情報を交換するために始まった、あるメーリングリストに、私も参加することになった。そこで、ある男性サーファーが、海では女の子の「生着替え」を見ることが出来るから嬉しいという発言をしていて、私が不快だと反論したところ、別の男性が私の発言は厳しすぎると非難したことがあった。私の発言に厳しすぎると言った男性は、実はもともと別の男性にそれを伝えたくてメールを送ったつもりだったのが、誤ってメーリングリストに一斉送信して私への非難が明らかになったのだった。それ以降、その男性はメーリングリストで発言することがなくなった。他にも、既婚者から気楽に今日泊まりに来いと誘われたりすることもあった。

これらのセクシュアル・ハラスメントは、女性へのことさら露骨な排除の実践のように見えるが、女性をサーファー個人として扱わず、欲望の対象として矮小化したり、不快にさせて居づらくしたりするという点では「親切」と同根なのだろう。

さて、こうしたセクシュアル・ハラスメントや、恩着せがましい親切、女性を直接的にそして間接的に排除する実践は、どのようにして再生産され、維持されていくのであろうか。この答えとして次節では、サーファーたちがそうした差別排除の実践をどう正当化しているのか、そしてどのように差別排除の実践に対抗していくのかという点について見ていこうと思う。

4　セクシズムを正当化する論理

欲望と快楽の優先

サーフィン文化は「身体の欲望と快楽――サーフィン・セックス・ドラッグ・アルコール――は相互に結びついて」［Fisk 1991=1998: 119］いると言われるが、確かにそのようである。男性たちは仲間同士の会話の中で、波乗りの話と同じくらい熱心に、性的な武勇伝や趣向について大声で語り、冗談を言い合う。女性が居合わせたときには、多少婉曲な話しぶりになるらしいが、このような会話はごく日常の風景である。

女性にとっても実践されているが、多少控えめなかたちによってである。ある男性から聞いた話だが、ある一人の女性が、いつも男性たちがするように、どのような性行為が好みなのかを何の躊躇もなく語ったところ、その場にいた男性たちは静まり返ってしまったという。私にそのエピソードを話した人は、彼女への批判をこめて教えてくれた。また私が直接見たのは、ある女性が性的な隠語を用いたプライベートな質問を投げかけられ、躊躇することなくその隠語を声に出して答えたところ、その場に居あわせた男性たち全員がいっせいに静まり返ったこともある。あるいはまた、身近にいる男女が親密な関係を持つと、「○○ちゃんは、（男なら）誰でもいい」、「恥ずかしいことはやめてほしい」などと、女性によって女性だけが非難されるのを何度も耳にしたことがある。身体の欲望と快楽（特にセックスに関して）を行使し語る権利は、男性だけに大幅に寛容に認められている。

フィスクが指摘した「セックス・ドラッグ・アルコールから得られる身体の欲望と快楽」に加え、「サーフィン自体から得られる身体の欲望と快楽」についても考えてみたい。冒頭でも述べたように、サーファーにとっての究極的な目的は、「ただサーフィンをすること」だ。「ただサーフィンがしたい」という主張は、自らの欲望と快楽の追求にプライオリティをおくこと、そのためなら社会的逸脱者のレッテルも辞さないという宣言であり、周囲のサーファーからもサーフィンをするためにはあらゆるものが正当化されて良いという承認も得ることができる。その結果、サーフィンをすることでそのサーファーと、生活をともにする親密な関係にある人（特に交際相手や妻）に程度の差はあるだろうが犠牲やサポートを強い、サーフィンを楽しむ女性たちに欲望と快楽の対象としての従属を求めるという構図が浮かび上がってくる。

新聞の社会面に父親不在というテーマで次のような記事が掲載されていた（朝日新聞一九九九年四月二二日朝刊）。夫がサーフィンに行っていて出産の時に病院にいなかったこと、翌日息子に黄疸が出て障害が残る可能性があったのにもかかわらず連絡が付かなかったことが忘れられないと、サーファーの夫を持つ妻が回想している。夫は高校時代からサーフィンに夢中で、社会人になっても「波に合わせた週末」がやめられなかった。妻はサーフィンをしないので、週末は別行動が多かった。結婚前のディズニーランドへのデートの約束が、いい波が立ったことで当日キャンセルになってしまったこともあった。子どもが出来てから二人の間の問題は深刻になった。サーフィンをすることに文句を言わない知り合いの「理想の奥さん」が離婚し、夫が子どもの育児に関知しないことで、妻は危機感を募らせ苦労を訴えた。夫は少しずつ家庭的になったというが、サーフィンをすることは決して譲れないようだ。夫の言い分はこうだ。「波があれば海に行く。サーファーの常識です。――中略―― いい波は年に数日。ディズニーランドは毎日ある。映画『ハートブルー』で、『サーフィンを覚えると人生が変わるよ』『究極のスリルさ。セックスなんか目じゃないぜ』っていうセリフがあるんですよ。サーフィンやらない人には理解できないでしょうね」。私が見たサーファーの中には、自分がサーフィンをすることをサポートしてくれる女性に対して感謝や配慮を示している人もいたので、一概にサーファーがサーフィンをしないパートナーをないがしろにするとは限らない。しかしサーフィンをしない人との関係の一端を表してはいる。

俳優の真木蔵人（父はマイク真木、母は前田美波里）は、一八歳の時に突然芸能界から姿を消し、カリフォルニアへ旅立った。その後二年間日本に帰ることなくサーフィンを続け、世界選手権の日本代表メンバーとして五位の成績を残した。彼が日本を後にした理由は「I just wanted to surf」［富山 1997: 72］である。真木は人気のあるサーファーで、サーファーでライターの富山がドキュメンタリータッチで描いた『サーファー・真木蔵人』は多くの読者の共感を得ている。レノックスのサーファーも、「サーファーは快楽主義者」だと普段の会話のなかで何度も語ったのを覚えている。「ただサーフィンがしたいだけなんだ」という主張は、自らの欲望と快楽の追求にプライオリティをおくこと、そのためなら社会の常識に反することも辞さないという宣言である。何年もサーフィンに没頭してきた男性サーファーを、他の男性サーファーが「サーフィン好きな子どもがそのまま大きくなったみたいな人」と評するのを何度も耳にしたことがあるが、それはサーフィンをするためにはあらゆることが正当化されて良いはずだという考え方である。

忠誠心のチェック

男だけの世界や男同士の関係性は、サーフボードという道具を通じて、あるいはアルコールを通して、コンパやナンパを通じて女性とつきあうことによって、女性抜きの場を共有することなどを通じて実現されている事が示された。このような「男性文化」は、集団内の秩序の核となるもので、これに従うことができなければ、親密な仲間関係に加わることは困難となる。メンバーたちとかかわる中でよく見聞きしたのは、この「男らしさ」と密接に結びついた文化に対して忠誠心を抱いているかどうかをチェックする行為、すなわちジョークや笑いである。このようなジョークや笑いを仕掛けられた人は、怒ったり非難したりせずに、忠誠心の証である笑いやジョークで返答できるかどうかを試されている(8)。

ショップに通いはじめた頃、主にひさしくんはじめその他のメンバーから「女紹介しろ」とか、私の女友だちと「コンパしよう」と、顔を合わせる度に言われた。右も左もわからず、ひたすらショップに馴染もうと精一杯だったのにもかかわらず、なぜ彼らに新しい友人など紹介しなくてはいけないのか、さっぱり理解できなかった。そしてその言葉に次第に気分を害するようになった。口にこそ出さなかったが、私の不快感は表情に表れていたようである。その言葉は私を「本気で怒らすから言わないほうがいい」と、北野くんらは思ったという。しかし事情を知らず、相変わらず私に「（女）友だち紹介してよ」と言うサーファーもおり、私の怒りに気づいていたサーファーは、その言葉は「やばい」、そんなことを言うのは私を怒らせるに決まっているので「ばか」だと思っていたという。彼らにとって「女紹介してよ」というセリフは、女性に対する挨拶程度の言葉であると諭してくれたメンバーもいたが、理解できなかった。そのうち「紹介しろ」と言われても何も感じなくなった。むしろ「そうだね、今度飲み会でもしようか」と私は口だけでは言うようになった。そのように変化した私に対し、ひさしくんは、「コンパしよって言っただけで昔は怒ってたんだぜ」とかつての私を引き合いに出し、「来たときは田舎っぺみたいだった。今は垢抜けた」と付け加えた。冗談を冗談だと受け取れず、本気になって怒っているうちは、私をレノックスの仲間として認めることはできなかったということだ。彼らは「女紹介して」とか「コンパしよう」という言葉で、「男性文化」を受け入れることができるかどうかを試していた。ひさしくんは忠誠心チェックに「合格」してレノックスの一員としてふさわしくなった私を「垢抜けた」という言葉で表現したのだと私は考えている。

第5章 差異化戦略とその限界

前章ではレノックスの男性サーファーが作り出す男同士の関係性について見てきた。ではこのような男性優位の世界のなかで、女性はどのようにしてサーフィンをし続けるのか。戦略とその限界、また地位の流動性についても明らかにしていこう。

1 三人のボディボード仲間

ショップにいることで多くの人に出会い、話をするようになった。それでも女性やボディボードをしたい人はあまり来なかったので、しばらくして私は中学から短大まで同級生だったマキに、ボディボードをしないかと誘った。彼女は短大を卒業してから生命保険会社に就職し、レノックスに来た当時も勤務していた。彼女はスキューバ・ダイビングの免許を持っており、海のレジャー全般にも興味を持っていた。レノックスで一緒にボディボードをしようと誘うと、すぐに快い返事が返ってきた。私がレノックスでアルバイトをしている間、お菓子などの差し入れを手に数回ショップを訪れてくれた。マキとはおよそ一年から一年半ほど、ほぼ毎週のように一緒に海に通い、レノックスの忘年会やバーベキューなどの行事にも一緒に参加した。サーフィン以外にも買い物をしたり、食事をしたり、夜出かけたりして、非常に親密に過ごした。この間もう一人加わった。それが第3章で紹介した、コマサと私たちが呼ぶ女性である。

マキ、コマサ、私の三人は、一九九五年九月頃から一緒に海に行くようになった。常に行動を共にし、仲もいいのでメンバーたちからレノックス三姉妹と呼ばれたこともあった。また、コマサと私の顔は似ていると言われることが多く、知らない人から姉妹や双子に間違えられた。よくそう言われるので、海帰りに寄った銭湯などでは、知らない人から話しかけられたら、もう姉妹という設定で話をしたが、誰も疑うことはなかった。

それまでショップには女性のメンバーがほとんどいなかったこともあって、気持ちが楽になった気がした。なぜならば泊まりでサーフィンに行っても女性用に一部屋与えられるようになり（それまで私は男性と同じ部屋で川の字になって寝泊まりした）、技術的にも差がない私たちは行動を共にしやすかった。そして男性たちの中で話題についていけなくても（例えばナンパした女性の話、麻雀の話、釣りの話、同級生同士が共有する昔話など）、疎外感を抱かずにすむ。

女性が複数で集まっているときと、私一人でいるときでは、周りのサーファーたちの態度は異なるように感じた。複数でいると、なぜか急に「優しく」なる人もいたし、そこまで露骨ではなくても、気軽に接することができるようだった。反対に私が一人でいるときは、態度が急変してほとんど近寄ってこない人もいた。ナンパしていると勘違いされたくなかったのかもしれないし、なぜなのかはわからない。三姉妹は三人まとめてかまわれることが多くなった。一九九六年には、サーファーの北野くんと野田くんも含めた五人が一緒に行動することが増えた。海に行ったり、遠出してサーフィンをしたり、飲みに行ったりして、仲良く過ごしていた。

2　ショートボードへの転向

五人一緒の行動は、一九九七年のはじめを境に徐々に減っていった。マキがもともとやっていたダイビングを中心とした生活を始めるために他県へ移住し、コマサがサーファーでない男性と交際し、この二人は以前ほど海に行かなくなったからだ。私もその間に大学院進学のために関西地域へ引っ越ししたこともあり、三人はバラバラになった。私は地元に帰るたびに海に通い、マキも時折海に行ったようだが、一九九八年の一〇月には、マキを海に誘っても他の男性と海に行く約束したからと言って断られてしまった。以前では考えられないことだったのでショックだった。一九九九年の六月には、コマサがサーフィンをしない男性と結婚し、ほとんど海に来ることがなくなってしまった。

ショップのメンバーたちが集まって、コマサの結婚のお祝いの飲み会を開いたとき、彼女はこう言った。「いい子のコマサのままでいられて、良かった」。そして彼女は、自分は弱いふりをしてみんなにかわいがられるけど、私は強がるから叩かれる、という意味のことを言った。確かにコマサは大きな波でも怖がらない勇敢な人だが、その強さを隠し周囲の人に上手に甘えてきた。コマサはレノックスに来なくなってからでもメンバーたちに好かれていた。コマサは、自分はレノックスのメンバー（男性）と決して張り合わず、それによって好意を得るのに成功していると感じているようだった。下手に男性サーファーと同じことをしようとすると、可愛がられないよと、彼女は忠告したわけである。

私はコマサの発言に少し腹が立ったが、マキが去り、コマサが去り、これらのことを通して感じたのは、ボディボーダーの私は「中途半端な立場」で、そのまま所属し続けるのは難しいということだ。一言で言えば、（男並みに）サーファーになるか、（サーフィンなどしない）「女の子でいる」か、どちらかだということである。私は男性ばかりの中で、「保護される」ことに対して居心地の良さを感じ、それと同時にその枠にはまりきれないことを心の中で感じていた。彼らに取って私は、保護や親切を受け取るだけ受け取って、その見返りの報酬（かわいくいること）を返さない人間なのかもしれない。女性三人が一緒にショップに「花を添え」、新鮮なうちは、保護する価値があっただろう。ところが、三人がバラバラになり、年も取り、新鮮な存在でもなくなると、「利用価値」がなくなる。実際、歯に衣着せぬ物言いをするひさしくんは、私に「使えん（使えない）奴」と、吐き捨てるように言ったことが何度かある。三人のボディボーダー姉妹の「解散」によって窮地に立たされたように感じた。

一九九八年の年末、日本海で開かれたサーフトリップ兼忘年会に参加したが、女性はサーファーの交際相手の女性たち（サーフィンはしない）だけであった。彼女たちと一緒の部屋に寝泊まりしたが、それまでそれほど仲が良かったわけではないので私は緊張していた。サーフィンを競いあう相手も、何かあっても相談する相手もなく、ボディボードに関しても技術的な壁にぶつかった。自分の居場所を全く失ってしまったように感じた。この頃、既にボディボードを辞めたコマサに、「波乗りを辞めてしまうかもしれない」とうち明けている。

同じころ、レノックスには新しいお客さんがあらわれる。彼女の名前は由佳里ちゃんという。一八歳の高校生だった。音楽が好きで、おしゃれで、明るく、人懐っこく、非常に魅力的な若い女性だった。彼女は後藤くんの紹介でレノックスにやってきた。後藤くんのことを「あにき」、後藤くんの同級生である山畑くんのことを「にいさん」と慕った。彼女は迷いなくショートを選び、冬の寒い時期からサーフィンを始めた。そんな由佳里ちゃんをメンバーたちはみなあたたかく見守り、かわいがっていた。一九九九年の夏には自動車免許を取得し、車の購入に向けてお金を貯めているのだと言っていた。

由佳里ちゃんが波に乗る姿を見て思ったのは、「女の子にもできるんだ！」である。目が覚める思いだった。もともとショートボードに憧れていたのに、できないと思いこんでいたことに気づいた。彼女に触発され、一九九九年五月に、ボディボードからサーフボードに乗り換えた。サーフボードは立ち上がる動作と、スピードをつけて安定させて波に乗っていく動作がこれまでとは全く異なる。ボディボードでは乗ることができていた波に、なかなか乗れなくなった。非常にもどかしく、ボディボードに戻りたい気持ちに何度もなったが、教えてもらったことを地道に練習していくうち、三か月してようやくスープライディング（白い波の部分に乗ること）ができるようになった。立ち上がることができるようになった日、そのポイント、そのときの湧き上がるような嬉しい気持ちは、今でもずっと忘れることができない。そこからさらに、スープライディングよりも上のステップである波の「うねり」から乗ることができたとき、まだ白く崩れる前の波の青さが目の前に広がったときは本当に感激した。やっともどかしい時期を乗り越えて、サーフボードで波に乗るという小さいときからの憧れが実現したように思った。

サーフボードに乗り換えても、サーファーたちは特に変わらず私に接した。しかし自分自身の気持ちには大きな変化があり、吹っ切れたようなすがすがしい気分だった。居場所を再確立することができたように感じたのである。ようやくあこがれのショートボードを手に入れ、自分のサーフィンライフが明るく開けていくように感じていた。

3　差異化される女性／差異化する女性

レノックスではショートボードが若い男性たちに最も人気があり、「男らしさ」や「かっこよさ」が最もよく表現できるツールとされていた。サーフィンに使う道具はそれぞれジェンダー化され、より「男らしいもの」とそうでないものに差異化されている。前章でも紹介した「男ならサーフボードでしょう」という語りは、彼らにとってショートボード以外の道具、例えばロングボードは「十分には男らしくなく」、ボディボードは「女のするもの」であるということを示唆しているのである。

表1　NSA全日本選手権大会の種目と人数（2004年）

種目	男子	女子
グランドマスター（昭和39年4月1日以前生まれ）	28	－
マスター（昭和39年4月2日～昭和45年4月1日生まれ）	40	－
シニア（昭和45年4月2日～昭和53年4月1日生まれ）	56	－
メン（昭和53年4月2日～昭和61年4月1日生まれ）	56	－
ジュニア（昭和61年4月2日～平成元年4月1日生まれ）	15	－
ボーイズ（平成元年月2日以後生まれ）	20	－
ウィメン	－	24
ロング	56	12
ボディボード	18	40
計（人数）	293	76

表1は私がレノックスで過ごした一九九〇年代末から二〇〇〇年代初頭頃における、NSA（日本サーフィン連盟）の主催する全日本選手権大会におけるカテゴリーごとの参加者数である。全日本と呼ばれる大会では、地域ごとの予選を勝ち抜いた選手が種目ごとに対戦し、アマチュア選手の日本一が誕生する。二〇〇四年の大会参加選手は、男子二九三名、女子七六名であり、数的にも男女の格差は大きい。

また、カテゴリーの数にも男女差があり、男性のクラスが六つに分かれているが、女子のクラスはウィメン（ショート）とロングボード、ボディボードに限られ、男子のように年代別クラスが存在しない[1]。さらに、男女それぞれ偏りやすいカテゴリーがあった。女性であればボディボードが圧倒的に多い。男女に明確な非対称性があり、道具に付与されているジェンダーイメージに沿って人々が振り分けられやすい状況にあることがわかる。男性でショートボードに乗るサーファーは、幼い頃から年をとるまで（「ボーイズ」から「グランドマスター」まで）ひとつの道筋があることによって、サーフィンへの参加、継続、上達までを制度的に奨励されていると考えることができる。少なくとも私がレノックスにいた当時には、ショートボードでのサーフィンをする男性を頂点とした階層構造があり、男性のなかにボディボード男性、ロングボード男性に対する差別意識が存在していた。圧倒的な男性優位とショート優位の構造があったのである。

こうした道具と結びついた序列と、男性優位のジェンダー構造のなかで、メンバーたちは序列化されていく。男性のコアなメンバーたちは、ほぼ全員ショートボードに（立って）乗るサーファーだが、女性はサーフィンをする女性、ボディボードをする女性、サーフィンやボディボードをしない女性たち等、さまざまな女性がかかわっていた。レノックスの中で女性たちはそれぞれどのような存在となるのか。私自身はボディボードをしたのち、サーフィンに転向しているが、そこで経験したカテゴライズされる／する経験、カテゴリー内／間の相互作用を見ていこうと思う。

ボディボーダー

男性サーファーたちは、ボディボードをときおり「ビート板」と言ったり、ボディボーダーのことを「スポンジ野郎」と言ったりすることがあった。これはボディボードに対する侮蔑とからかいが込められていることが感じられる一場面であった。ボディボードは手軽で安全に波乗りを始められるツールであるが、リスクを取らない行動と認識され、十分に「男らしく」ない行為であると判断されるのだろう。

この価値は女性にも共有されている。サーフィンをする女性サーファーが「ボディボードはサーフィンじゃない」と言う場面に何度も遭遇したことがあるし、私自身もその価値を内面化していた。これらはサーフボードとボディボードの差異を明確化し、自らの立場をボディボーダーよりも上に位置付ける語りである。気象条件的に、乗ることのできる波の数が少ないとき、女性はあからさまに波を横取りされることがあるが、それは男性から女性とは限らず、女性サーファーも相手がボディボーダーであることで「安心」して横取りしてしまう場面も何度か目撃した。

ボディボーダーの中でも特に男性ボディボーダーは、格好の攻撃対象となっていて、「キモイ（気持ちが悪い）」などと、かなり強力なネガティブ・イメージが付与されていた。こうなると同じサーフィンをする仲間にはなりえない。私には男性ボディボーダーの友人が二、三名おり、レノックスでアルバイトをしているときに彼らが何回か店を訪れてくれたことがある。表面的にはレノックスに来るボディボーダーの男性客に対してこのような差別的なことばが投げかけられることはなかったが、社交辞令程度の挨拶や会話以上の交流も行われることもなかった。

ではボディボーダーは一方的に疎外されるだけの存在かというとそうではない。男性サーファーたちにとって女性は「欲望の対象」でもあり、また「男らしさ」を担保する存在でもある。女性をサーファーとしてではなく性的な存在として扱うというのは非常によくあるパターンで、女性だから受ける過剰な親切や、セクシュアル・ハラスメントは、女性がどのようなボードに乗っているのかに関係がない。

女性が性的な存在として扱われるような集団では、女性の力は限定され、マイノリティどうしが分断される。先に述べたように、女性サーファーにとって女性ボディボーダーは、「同じサーファー」ではない。二者の関係がどこかよそよそしいのは、周縁におかれている者同士、少ない資源を争って反目しがちだからである。

私自身はボディボードをしているときとサーフィンに転向したときとで比較をすると、外見上の装いや気持ちに大きな変化があった。ボディボードをしているときは、露出の高いウエットスーツを着用していた。それは例えばレオタードように下半身が深くカットされて、上半身が長袖のタイプのウエットスーツである。これは男性向けだと下半身のカットは半ズボン型になり、ロンスリ（ロングスリーブ）と呼ばれていた。私はブラジルの女子ボディボード選手がレオタード型のウエットスーツを着ていたのを見て、かわいいと思い、日本でオーダーして作ってもらったのだ。このタイプのウエットスーツは、現在どのボードタイプの女性サーファーにも売れているが、少なくとも一九九〇年代末にはボディボーダーの女性にしか着用されていなかった。ボードのみならず、ウエットスーツの形にも、そのボードタイプに「合う」スタイルがあると思われている。レオタード型のウエットスーツは、当時はまだ誰も周囲に着用している人がいなかったので、できあがった製品を見たオーナーは、「まじでこれで海に入るの」と驚いてゲラゲラ笑っていた。そんなにおかしいのだろうかと私は半信半疑だったが、海に入ると確かに非常に人目（男性の視線）を引いた。

こうした露出の多いタイプのウエットスーツは、日焼け跡が少しでも水着に近い形になり、脱いだ時に日焼け跡が目立たない。しかし、身体をけがや冷えから守る本来のウエットスーツが果たす機能は劣ることになる。女性は日焼け跡を気にする人が多く、機能は劣っても女性らしい外見を優先する場合がある。サーフィンをし始めてからは、いわゆる女性らしい形（露出が多い）、女性らしい色（赤やピンク）などは興味がなくなり、機能性を重視したり、露出がないものを選んだりするようになり、より男性向けデザインと近いタイプのものを着用するようになった。

他にも、長い髪、ピアスなどは海の上でも目立つ装飾であるので、そこで女性らしさをアピールするということはよくあった。当時髪を長く伸ばしていた私は、水着になった時のバランスを考えて長くしていたし、花や光る石などのピアスは海に入るとき必ず身に着けていた。化粧を海に入る前にわざわざ施して入ることもあった。その頃の私は、ただでさえ男みたいなことをしているのに、女だということを唯一伝えられる手段だからと手間をかけていた。化粧するの？どうせ落ちるのに、という声には耳を貸さなかった。その後、アートメイクと呼ばれる、浅い入れ墨のアイラインを入れたし、エクステと呼ばれるつけまつげもつけた。これなら海に入っても落ちることはない。目の上のアートメイクは、涙がとまらないほど痛かったし、エクステは本来のまつげの役割、つまり水が流れて目に入るのをふせぐまつげの役割を奪って不快だったが、女性らしくいられることに満足していた。

ボード、ウエットスーツなどのギアにもジェンダー観がかなり反映されていることがわかる。つまり、本人のジェンダー観がどのようなスポーツ、どのようなボードを選ぶかについても影響すると言うことができる。レノックスで一緒にボディボードをしてきたコマサが語った「いい子のコマサのままでいられてよかった」という言葉からわかるのは、彼女が男性サーファーに見せていた態度は「女の子らしいもの」で、本来の自分らしいコマサを隠していたという意味である。コマサにとってボディボードは、「女の子らしさ」を損なわないでいられるスポーツであり、いい子でいたいコマサにとっては、私がしたようなショートボードへの転向は特に興味を持てないし、結婚してサーフィンを引退する方が自分らしい選択であったのだ。

サーファーの妻、彼女、セフレ、女友だち

レノックスには、サーフィンをしないけれどもメンバーたちとの人間関係に加わっている人たちがおり、それはサーファーたちとおつきあいのある女性たちである。これは女性にだけ限定されたサーフィンやサーファーたちとのかかわり方であり、サーフィンをしない男性にはそのような選択肢はない。サーフィンをする女性がサーフィンをしない男性をレノックスに連れてくることはあっても、忘年会等のイベントや、週末あるいは長い休みの海通いにも同伴するということはほとんどなかった[2]。サーファーのコミュニティ内においては、ある種の共通した態度というものがあり、それは「サーフィンをしないやつは信用しない」というものである[3]。これは前述した俳優の真木蔵人が自著内で述べていることばで、サーフィンというスポーツ、スタイルを共有する人たちへの特別の愛着であり、また共有しない人々への排除と不信の表現でもある。極端に単純化した言い方ではあるが、サーフィンに没頭した人のマインドを表しているとは言うことができる。

女性サーファーたちは、少なくとも表面的には、サーファーの妻や彼女たち（交際相手）を尊重し、うまくつきあう。しかし、友だちやセフレ（セックスのみを介する友人）の場合は、必ずしもそうでは

ない。ショートボードの女性サーファーである由香里ちゃんは、レノックスのサーファーと仲良くつるんでいるもののサーフィンはしない女性のことを、「レノックスの子らとつるむことがステイタスだと思ってる」と言い捨て、見下していた。由香里ちゃんはレノックスの年上のサーファーたちを、兄さん、アニキなどと呼び慕っていた。由香里ちゃんをかわいがり、良く面倒を見ていたサーファーに、サーフィンもしないくせにつきまとうだけの女性たちは、煙たく、格好がよくないと思えたのだろう。サーフィンをするかどうかが、女性サーファーにとっても対等な人間関係を築くかどうかの分かれ目になっていた。

女性サーファーのルミ子さんは、一〇代でサーフィンを始め、三〇代半ばの現在まで長くサーフィンを続けている人だが、彼女から繰り返し聞いたことがあるのは、「サーファーの彼女はかわいい。かわいくなくちゃいけない」ということばである。これはサーファーの世界における女性の地位をよく表していて、女性の地位は低く、力は限定され、モノのように美醜で評価を下されるということである。ルミ子さんは長い間女性が非常に少ない時代から男性サーファーたちと過ごし、彼女たちがいかに男性サーファーたちから美醜によって評価されるのかを聞いてきた経験があるのだろう。特に男性サーファーにとってコミュニティ内の自分の地位は、交際相手の外見に左右され、美しい女性をつれているサーファーが羨望の的になり、その逆であれば評価が下がるという意味だ。ルミ子さんは男性サーファーの仲間内の評価構造や、女性の扱いについて話しているのだが、同時に「サーフィンをしている人」と「いない人」を差異化し、女性サーファーはサーフィンをしているからこの場に存在するのであって、美醜によってサーファーから評価を受けたり排除されたりする存在ではないと言っているようにも聞こえる。もしこのコミュニティ内の女性すべてが美醜という基準で判断されるのであれば、「サーファーのまわりにいる女性はかわいくなくちゃいけない」となるはずである。

ロングボーダー

ジェンダー化された道具のところでも書いたように、レノックスでは長いボードは若い人には人気がなかった。ショートのサーファーから見たロングボーダーは、年齢を重ねてもなおサーフィンを続けているゆえに尊重すべき年長者であり、また同時に波を有利につかむことができるゆえに波を独り占めしてしまう邪魔者でもある。ロングボードの人が入っているポイントでは、ショートボードでは波をつかむことが難しくなるので、暗黙のうちにショートはロングを避けたり、邪険に扱ったりする。

女性サーファーから見たロングボーダーの女性は、同じサーフィンをしている者同士であり、上述の二カテゴリー（「ボディボーダー」と「サーファーの妻、彼女、セフレ、女友だち」）の女性たちよりも仲間になる可能性が高い。ただし、ロングとショートでは、ルミ子さんいわく、「テンションが違う」。私自身も実感としてそのような印象を持っていて、ロングの女性はがつがつサーフィンをするというよりは、ゆったりしたスタイルを好む人、海遊び自体をトータルに楽しむタイプが多いと感じていた。

ロングボーダーであるユウ子さんとキョウ子さんは、二〇代後半の女性である。彼女たちの車には、カセットコンロやテントなどが常備され、いつでも浜遊びをしたり料理をしたりできるようになっている。波のない日には、海辺のゴルフ場でパターゴルフを楽しむこともあるという。ルミ子さんや私の場合、海に行ったのにゴルフをするなどというのは考えられないことで、サーフィン自体に没頭するタイプが多く、時間があれば一日中海に入っていた。

ロングは一面では女性サーファーの仲間ではあるが、強い排除の意志が示されるときがある。それは初心者のロングボーダーに対する「危険」という扱いで、男性の初心者は特に攻撃の対象となる。ロングはボードが大きくて重量もあるので、初心者が誤って板を放り出してしまうと周囲は確かに危険にさらされる。だが、それ以上に「遊び半分の人は迷惑」という意味合いも含まれた差異化の表現である。男性ロングボーダーを一括して「おっさん」とするレッテル付与も見られた。これはまた、ショートの女性からのみならず、ショートの男性からロングの男性への場合もしばしば見られるカテゴリー化である。

ショートボーダー

女性サーファーにとって男性サーファーはまずロールモデル、先輩、先生となる。数の上でも圧倒的に男性優位の領域なので、サーフィンはたいてい男性に教わるからである。キャリアの長いルミ子さんがサーフィンを始めた頃は、女性は極端に少なく、上下関係も厳しかったという。そのなかでルミ子さんは、他の若い男性サーファーたちと同じように、先輩サーファーから鍛えられてきた。波が大きなポイントでも放り込まれ、特に何を教えられず、見よう見まねで先輩についていくのである。男性サーファーは、彼女たちにとって苦楽をともにした「仲間」でもある。年齢、職業、性を越えたつきあいは、男女問わず多くのサーファーにとってかけがえのない財産と感じられるものである。

しかし男性サーファーにとって女性サーファーはすぐに仲間になれる存在ではないようである。レノックスの男性サーファーたちは、「サーフィンやってる女は変わってる」と言っていた。そこには、男のスポーツをする変わった女、女らしさなどみじんも感じさせないおとこおんな、という意味が込められているように見える。彼らは、「サーフィンをしているような女性は『釣れない』可能性が高いから、声をかけるには効率が悪い」とも言っていた。彼らにとって女性は、欲望の対象であり、かつ先述したように、男性コミュニティ内での評価にもかかわるので、より若く、より美しく、「女らしさ」から逸脱しない女性の価値が高くなる。

サーフィンを続けるということは、特に若い女性サーファーにとっては、この欲望の対象として扱われること、欲望のかけひきに引き込まれること、たとえ恋愛関係となっても離別したときにどのように自らの居場所を失わずにいるかということと強いかかわりがある。私がレノックスで見てきた限りでは、恋愛が終わってショップを離れるのは常に女性のほうであった。サーフィンを続けるには、道具を手に入れる場所、スキルアップの機会、モチベーションや楽しみの共有できる仲間など、欠かすことのできない要素がたくさんある。こうしたものを一気に失うということは、考えられないほどの痛手となるはずである。私自身はレノックス内で恋愛らしい恋愛はなく、仲間に恵まれたが、こうしたことが女性だけに苦難をもたらしていることはやはり公平性に欠けると言わざるを得ない。女性であることはある種の「価値」をもたらすが、それを引き換えにしたくない女性と、それを存分に利用したい女性が、分断され反目しあうのは納得がいかなかった。

多くのサーフィンを継続した女性たちは、女性サーファーを性的な対象として評価・消費しない男性サーファーたちと人間関係を構築していった人たちだ。ルミ子さんには自分の所属するショップのオーナーをはじめ、業界で影響力を持つ男性サーファーたちと、長い時間をかけて築いた信頼関係や広範なコネクションがある。当時、ボディボードからショートへ転向する女性が数多くいると言われていた。スポンサー企業の撤退などでボディボード業界が非常に困難な状況を迎えているのも、道具とジェンダーとのかかわりから見れば、ボディボードに付与されてしまったような安楽で女性らしいイメージは好まれず、難しさやリスクを取ってもサーフボードに乗るイメージを女性たちが選ぶようになってきたことを意味しているかもしれない。

さて、女性サーファー同士の関係について付け加えるならば、同じ少数派ということもあって、海の中でもネット上でも親密になりやすい傾向にあることを記しておきたい。彼女たちにとっては、「サーフィン（特にショート）をしているかどうか」が親しみやすさの分岐点になるからである。レノックスに新しく由香里ちゃんが入ってきたとき、なぜ抵抗感がなかったのかという点と関係しているように思う。それ以前は正直なところ、新しい女性がレノックスに入ってくるのは、なぜか自分の立場が脅かされるようであまりうれしくなかったが、由佳里ちゃんに対してはそのようには思わなかった。このことは、ここ数年急速に増加した女性だけのサーフィン・コンテストなどにも現れていて、ショートの女性限定か、あるいはショートとロングかボディボードという組み合わせとなっており、ショートの女性が男性支配に対して最も抵抗感が強く、かつ女性同士の結束が固いことを示していると言えるだろう。

ただし、男性だけが一方的に女性を性的対象として扱い、欲望をめぐるかけひきに巻き込んでいくとしてしまうならば、それは一面的な理解ではある。女性が自ら積極的に性的魅力を利用して資源を獲得しているように見える場面もあったし、欲望を向けてくる男性を次々と乗りかえ、性的に活発で積極的な女性もいた。

4 流動的な地位

レノックスの内部におけるジェンダー秩序は、ショートボードに乗る男性のサーファーたちを頂点に、ロングボードとボディボードに乗る男性がほぼ排除され、女性は大きく三カテゴリー（ボディボーダー、ショートボーダー、彼女たち）に分断されている。すなわち、性別とジェンダー化されたボードタイプによって序列が生み出されていた。

女性サーファーにとって、「男性占有の領域」において居場所を確保する方法は、サーフィンをしない人たちへの、時には辛辣な語りによる差異化と、自らが「サーフィンをする者」であるという正統性の主張によってなされていた。ショートボードでサーフィンをする女性たちは、こうした力関係を内面化し、ボディボーダーやロングボーダーとは自分たちは違うと、自らの正統性・真正性を主張していた。

排除されるマイノリティは、マジョリティの作法を身につけることでようやくメンバーシップを得られるとするならば、女性サーファーの差異化実践は男性サーファーが他者に行う差異化の模倣だ。彼女たちが居場所を得るためにその方法に頼らざるを得ない状況や、不平等な社会構造は確かに問題だ。しかし、男性に分断される女性サーファーが、サーフィンをしない他の女性や男性を排除して居場所を確保していくことは、差別的な構造の再生産となる。

しかしながら、コミュニティ内の地位というのは、流動的で、それぞれの状況、気象条件、サーフィンのスキル等、多様な要素がかかわって変わりうる。たとえプロサーファーのように技量が優れた人でも、ローカル（近隣に住むサーファーたち）の多い地域に入るときはローカルのリズムを優先する人が尊敬されているという語りをよく目にする。

ローカルの優位性

私はとある地域の河口に波が立った時、お世話になっていたプロの女性と一緒にそのポイントに入ったことがある。その河口ポイントは、海底が玉砂利で、つまり地形が安定していて、良い波が立つ。サイズが大きくなると条件次第ではチューブと呼ばれる水のトンネルができ、エキスパートたちはチューブライディングを次々と繰り広げるクラッシックポイントである。そうしたところには、私一人では入るチャンスはほぼない。その日のサイズは大きくても胸肩程度、ザ・デイと呼ばれる本領を発揮した日ではなく（もちろんそんな日には技量不足で入ることができない）、プロと一緒なら許されるであろうという判断だ。

波は大きくなくとも非常にきれいに割れる。乗れると大変に気持ちがいいだろうことは予想できた。緊張しながら、場違いではないかと恐れながらも入っていった。そうしたポイントでは、だいたいローカルと呼ばれる地元のいつものメンバーが入っていて、ローカル内の序列が素人目でもはっきりと見て取れる。誰かがパドルし始めたら、誰がパドルして乗ろうとしているのかが重要で、ローカルのなかでもリスペクト度が高い人の波は、決してほかの人は手を出そうとしない。人数と波の数のバランスも重要で、人数が多くなければ、そして序列がはっきりとしていれば、一定の「リズム」と言われる暗黙のルールが生み出され、そのリズムを感じ取り、ローカルやメンバーを読解できる人だけが、そのリズムに乗ることができる。

女性ローカルサーファーの威嚇

そのような「ローカルがきつい」ポイントでは、ひどいときには怒鳴られたり殴られたり、車を傷つけられたりするという噂も聞く。私はおそらく、ローカルのプロと一緒であること、そして女性であることによって、そして波が最上級でないことによって見逃してもらえ、追い出されることはなかった。そして、入ったからには波をつかみたい思いだった。奥の一番いいところから乗ることは到底できないが、邪魔にならないように右左によけながらインサイド側でチャンスを待っていた。一緒に入ってくれたプロは当然良い波をつかみ、とてもかっこよくて、波に乗り終わって上手な人たちが待つ場所に戻るときに、なかなか乗れない私を励ましてくれたりした。

ふと気づくと、波待ちをしている私のまわりを、ぐるぐると回っているボディボーダーの若い女性がいる。人の周りをぐるっと一周するとは、なんと不自然な動きだろう。一瞬、何が起きたのかわからなかった。そのボディボーダーの女性は一言もことばを発しなかったが、イライラしているさまは伝わってきた。それは私へのフラストレーションを表明するパフォーマンスであることが明白だった。

私はその人の邪魔になっていたのかもしれない。あるいは、その人もその場の一番いい波はもらうことができず、少しインサイドにいる私と波を取り合うような状況だったのかもしれない。あるいは単に、場違いな人間を追い出したくて、たまたまローカルのうちのひとりの彼女が、たまたまビジターのひとりである私に、排除のパフォーマンスを下したのかもしれない。それにしても、場違いである、ここを出て行け、ということをこれ以上はっきりと人から表明されることはこれまでの人生でなかった。自分の非を認めたくなくて、恥ずかしくて、腹が立って、何も言えなかった。忘れてしまいたいようなみじめな経験であるが、忘れることができない。確かに私は明らかに未熟なサーファーであった。それは言い訳のしようのない事実だ。それまでローカルが多いポイントでサーフィンをしたことがなかったので、先輩のサーファーたちからそうしたことを教えてもらうことがなかった。ふだんからビジターの多いポイントでサーフィンをし、ローカルやリズムというものを初めて経験したのがこの時期だったのだ。

とはいえ、そんな未熟なビジター女性サーファーを、他の誰でもなくローカルの女性ボディボーダーが威嚇してきたのは、単なる偶然なのだろうか。他のローカルサーファーは私のようなサーファーを歯牙にもかけなかった。かける必要もない。少々邪魔だなと思っても、一番いい場所で波をつかむことができ、邪魔な人を避けることのできる彼らにとって、インサイドで一応注意して待っているサーファーは障害にはならないからだ。ではなぜ彼女はそうしたのか。偶然かそうでないかは、彼女自身にしかわからないことだが、このことが象徴するのは、ローカルという圧倒的に強い立場にいる女性が、他でもないビジターのショートボーダーに、威嚇行為をしたということで、その場は性別でもなく年齢でもなくボードタイプでもなく、すべての序列をこえた頂点にくるのがローカルであるということを、彼女が私にわからしめたということである。

この威嚇行為は、わかりやすい暴言や暴行よりも効率的である。暴行や暴言の場合、相手に直接手を下さなければならないのでコストがかかるが、今回はちょっとしたジェスチャーで同じ効果、つまり相手と自分の間の力の差をさらに思い知らせることができたからだ。彼女にとって私が、そのようなあからさまで、失礼な方法で、排除をしてもいい人間だと思えるのは、圧倒的に相手に勝ち目はなく、言い返されたりやり返されたりもしないと考えたからだろう。そうした意識の根底には、ローカルであることが最も尊重されるべきだという強い確信があると感じられる。これは推測であり想像にすぎないが、私が「女」で、「ショートボーダー」で、「プロと一緒」だからと調子よくそのポイントに来たことが許せなかったのかもしれない。彼女自身がローカルではありながら、女性であることやボディボーダーであることで、サーファーの真正性・正統性から外されがちなことに対して、日ごろから不満をためていたのかもしれないからだ。

この章ではサーフィンをするなかで、女性のサーフィンが「茶番」と見なされ、「良いサーファー」の地位から外されがちなことを示してきた。同時に、女性自身もこれを内面化し、誰がこの世界において正統な立場なのかということを、乗るボードのタイプによって互いを差異化する様子も述べてきた。これによって女性は分断され、序列は再生産されていく。女性によってはローカルかそうでないかという属性も使いながら、自らの地位を差異化し、優劣を周囲にアピールしていた。女性内部での差異化の行為は、男性中心の世界における生き残りのための戦略であるが、非常に狭い範囲でしか有効になりえず、限界があった。それでも私自身は、この優劣をめぐる競争に、自らはまりこんでいく。サーフィンがうまくなるには、競技としてサーフィンをすることは近道に思えたし、結果が出るのはとても楽しかったからだ。次章ではプロの海外合宿への同行と国内コンテストの経験について書いていくことにする。

第Ⅲ部

オルタナティブなゴールに向けて

第6章　ショップをこえて

これまでの章では、男同士の深い絆からなる東海地域のショップとのかかわりの中でサーフィンを始め、続けてきた経験を描いてきた。ここから始まる第Ⅲ部では、関西地域での新しい生活にともない、新しいサーフィン仲間との出会いと、サーフィンとのつきあい方のある種の着地点について述べていきたいと思う。特に本章では、インターネットを通じて経験豊富な女性サーファーとの出会いを通じ、見知らぬたくさんの土地や海、プロの世界、移住サーファーコミュニティとの出会い、コンペ（競技、コンテスト）への関心につながっていく様子を紹介していく。

1　移住生活

一九九九年にショートボードに転向し、関西での生活も落ち着いてきたころ、居住する街の近くで一緒にサーフィンができる女性を探すため、インターネットで女性サーファーを検索するようになった。一九九〇年代末から二〇〇〇年初頭にかけては、まだ個人でホームページを開設しているサーファーは多くなく、特に女性だと全国でも数えるほどしかいなかった。あるとき、関西地域でサーフィンを本格的に行っている女性を見つけ、その方の掲示板をのぞき、書き込みをするようになった。交流が生まれ、海で落ち合い、一緒にサーフィンに行ったりするようになった。その女性が、前章でも登場したルミ子さんである。

経験豊富で広い人脈をもつ先輩サーファーとの出会い

ルミ子さんは私がサーフィンを始めたときよりもさらに七、八年前、より女性が少ない状況でサーフィンを始め続けてきた人である。情報サイトなどもないころから、先輩たちに天気図の読み方、波の予測、ポイントの場所と特徴などを学び取ってきている。非常に豊富な知識や経験、ネットワークがあり、一緒にいると学ぶことばかりであった。ルミ子さんの通うショップにもお邪魔するようになり、次第に地元の往復が減り、レノックスの仲間よりも関西でできた先輩や友人たちとともに時間を過ごすことが多くなっていった。近場で何軒かショップをのぞいてみたりもしたが、どこもピンとくることがなく、新しい集団に入っていく難しさを感じた。そうした中で経験豊かな知り合いの人がショップを紹介してくれることは非常にありがたかった。

ルミ子さんの通うショップはプロショップと呼ばれるカテゴリーにあり、プロサーファーやプロボディボーダー、プロスノーボーダーなどが所属し、アマチュア選手へのサポートも行っていた。オーナーの方が本業として営んでいるので、店の大きさ、品物の豊富さ、大会やイベントの多さ、従業員の数、何をとってもこれまでとは規模が違っていた。このショップの方と海で会ったり話をしたり、ルミ子さんとその友だちと一緒にみっちりとサーフィンをするなかで、大会に出てスキルアップを目指すこと、級検定を受けて実力を知るということに興味がわいてきた。それまではただ海に入る状態だったのが、モチベーションを高め目標をもって練習するようになった。このころは一日に最低でも2ラウンド海に入り、波があれば3ラウンド、4ラウンドするときもあった。とにかく日が昇る前から、日が沈んで波が見えなくなるまで、サーフィンをしていた。

サーフィン検定への挑戦

二〇〇一年にはNSAのサーフィン検定4級を受験した。サーフィン検定は当時、4級から1級まで設定されていて（現在は5級から）、「公認ジャッジが演技を客観的に評価し、受験者にいまのサーフィンのレベルを把握してもらうことを目的としている(1)」。また、「審査を通して出た課題をジャッジがアドバイスすることで、さらなる上達を目指す機会になっています」とあるように、ステップアップを奨励する仕組みとなっている。さらには、「サーフィン愛好者の拡大やビギナーサーファーにルールとマナーの周知をする機会にもなっています」とされ、教育的な役割も果たしている。検定は全国の支部のうち一〇か所程度が会場となり、各会場で年に一回、週末の朝から一日がかりで開催される。ひとつの波に四名くらいが同時にパドルアウトし、規定をクリアした人から上がってくださいとマイクで指示が飛ぶ。その時間内に規定をこなすことができなければ不合格となる。

私が受験した4級は、ショートボードの場合、「テイクオフから確実なターンをし、プルアウトできること」が要求される技術である。しっかり板に立って、波に乗った後、板ごと波の裏側（沖側）に逃げる動作である。人にぶつかるなどの危険を回避するためにも必要な動作である。4級取得者は3級が受験できるが、ショートボード3級に要求される技術は「テイクオフからレールを使ったターンで加速できること。カットバックもしくはリエントリーができること」とある。感覚としては英語検定試験と似ていて、4級は初心者から初級レベル程度で、しっかりとテイクオフして横に滑ることが求められる。3級は基礎が身についたレベルになるだろう。

サーフィン検定はサーフィン大会と似た雰囲気で、海岸にテントが設営され、ジャッジや運営者たちが座っていたり、立ち働いていたりする。受験者はゼッケンを身に着け、ライディングを衆人環視のもとで披露しなければならない。受験態度がよくない人は注意を受けていたりするのを目にしたし、ジャッジの経験のあるルミ子さんが礼儀正しくしたほうがいいとアドバイスをしてくれたので、ジャッジの人たちに「お願いします」、「ありがとうございました」と一礼するなどした。先の目的にもあったように、ルールマナーの周知という役割を持っているので、こうしたふるまいが好まれるのだろう。

とにかく非常に緊張したが、当日は波が穏やかだったこともあり、運よく4級は合格することができた。それからは、3級取得という目標ができた。週末サーファーにとって3級は少し高い壁である。関西からの通いとなると、高速代やガソリン代などのお金もかかるし、基本的には週末だけしかサーフィンをする時間が取れないので、思ったように上達できない。週一のサーフィンでは前週にできたことを維持するのが精いっぱいだった。上手になりたいという気持ちと、ルミ子さんと通うようになった海で多くのサーファーたちが関西地域から短・長期で移住していることを知ったのもあって、次第に海の近くに住んでいつも海に入りたいと思うようになった。

短期移住とプロサーファーとの生活

当時、大学院博士課程の一年になっていた私は、移住の希望をほのかに抱くようになった。ルミ子さんは以前この地域で、柑橘類の摘果をするアルバイトを住み込みで行い、合間時間にサーフィンをしていた経験がある。話を聞いているうちに自分の中にも短期移住へのあこがれがわいてきた。私の希望を知るとルミ子さんはサポートしてくれた。知り合いの元プロサーファーの女性を紹介してくれ、その方が現役のプロサーファーの女性を紹介してくれることになった。その方のアパートに空き部屋があり、住まわせてくれるかもしれないとのことだった。その女性は澤田さんといい、私と面談すると居候を許可してくれた。二〇〇一年の九月九日から一二月二五日まで、澤田さんのアパートの一部屋で暮らすことになった。ふとした思いつきが、少し怖いほどとんとん拍子に現実のものになっていった。

澤田さんがこの海沿いのアパートに暮らすのは、コンテストシーズンが終わる一〇月までだ。それまで海に行くときについていったり、食事の準備を手伝ったり、掃除や洗濯をして、空き時間があればフィールドノートをつけたりして過ごした。澤田さんがアパート近くの海岸でプロの大会に出場するときは、家に仲間のプロの人たちが何人も来て滞在し、にぎやかな合宿所のような様子だった。当時私はその日のサーフィンや日常について、毎日ブログに書き留めていた。ブログには澤田さんのことを「師匠」と書いている。

家に帰るとレディースプロが八人もいてびっくりした。それから師匠と一緒にみんなの朝ごはんを用意して食べた。わいわいとってもにぎやかだった。試合前でもみな仲が良くてリラックスしてるのはちょっと意外な気がした。プロサーファーはたいてい個性が強い人が多いと思うのだが、やはりこういうふうに海を上がった場所で話をすると、いっそうそれぞれのキャラがよくわかる。みんなとても面白い方たちで、私も笑わせてもらいました（二〇〇一年九月二七日投稿のブログ記事より）

女性プロだけのコンテスト終了打ち上げの席にも連れて行ってもらい、彼女たちの打ち解けたオフの様子も見ることができた。試合中は真剣勝負でも普段は仲が良く、全国各地で開催されるコンテストのときはお互いの家に泊まりあっているようだった。

澤田さんは非常にきれい好きで、家の中にはほこりひとつない状態に保たれている。掃除の仕方は細部まですべて習い、なるべく現状維持できるように努めた。澤田さんは料理も上手で、いろいろな人が家にご飯を食べに来る。

家に帰ると師匠が準備してくれた手料理が待っている。何時間も煮込んだ牛筋入りの肉じゃが、野菜たっぷりで味がしみこんだ炊き込みご飯、豆のたっぷり入ったひじき煮。お土産のふぐのたたき。あーおいしい！　にぎやかにおいしく食べて終了。師匠は料理上手なので本当に幸せ。献立の一つも覚えて帰らなくては。明日は試合の観戦に行きます。（同ブログより）

甘いものや炭酸水などはめったにとらず、自炊で安くバランスの良い食事を作っており、澤田さんの高いプロ意識を垣間見た気がした。ここで過ごすうちに、私は料理のレパートリーが増え、今でもそのレシピで料理をすることがある。ここでたくさんの人と知り合いになり、真剣にサーフィンに向かう人たちの意識や行動を見ることができたし、サーフィンを中心にしたサーフコミュニティの人たちの生活を少し知ることができた。地元に生まれ育ちサーフィンをする人たちと、良い波を求めて移住しサーフィンに関連する事業や商売を生業にして暮らす人たちが作り上げているコミュニティである。サーフィンを理由としたIターン、Uターンもある。澤田さんと一緒に海に入れば、ライディングを見て勉強になり、常にアドバイスや激励がもらえた。このアパートに住むことで知り合いになった他のプロの女性たちも、海で私のライディングを見かけたとき、こうしたほうがいいとアドバイスをしれくれることもあった。毎日海に入ることで、サイズの大きさにも少しずつではあるが慣れていき、一日二回程度の軽いサーフィンなら、筋肉痛にならずに過ごすことができるようになっていく。

ここに暮らす間はもちろんよいことばかりではなく、前章で見てきたようなローカルからの直接的・間接的排除も経験した。それはローカルの狭量さということだけではなく、知らないうちに人の前乗りをしていたとか、リズムが理解できず場違いであったとか、自分が引き起こしたことも含んでいる。今まで都心から近い開けたポイントでしかサーフィンをしてこなかった自分にとっては、そうしたものを一から学ぶ貴重な機会になったと今は思う。当時はショックを受けたり、内心腹を立てたり、理解できなかったり、自分に腹が立ったりした。また、小さなコミュニティなので常に人目のある生活で、何かすればすぐに他の人の耳に入るというのも経験した。自分が育ってきたような、誰も人のことを気にしない地域とは異なるため、噂話や人からの批判を日常的に耳にし、気苦労があった。その分、誰かがいつも気にかけてくれて、必要とあらば優しく手を差し伸べてくれるということでもあった。

澤田さんはプロリーグの最終戦を終えると、オフシーズンに入った。オフシーズンは他県の実家に帰っていった。それから私は年末までこのアパートで過ごしながらサーフィンを続け、いったん大学院に戻ることになる。戻ってしばらくしたあとは、澤田さんの冬季トレーニングに同行させてもらえることになった。寒い冬の時期、このあたりのポイントにはあまり波が立たなくなる。プロやアマチュア選手たちは、暖かく波のある地域に海外遠征し、スキルアップとトレーニングを行い、春からのシーズンスタートに備えるのである。私は澤田さんについてオーストラリアに行くことにした。およそ三か月の予定である。

2　オーストラリア合宿

二〇〇二年一月二六日、朝七時に空港に集合。澤田さんと、澤田さんの友人太野さんとともにブリスベンの空港に到着した。ブリスベンではさらに澤田さんの友人二名と合流し、バンタイプのレンタカーを借りた。これから滞在するコンドミニアムは、世界でも有名なポイントの目の前にあり、私たちの部屋はオーシャンフロントの一三階にあった。目の前の四つのポイントが一気に見渡せるすばらしい眺望だった。毎年このコンドミニアムを予約する澤田さんは現地にもたくさん友人がいて、生活用品を預けている。これを取りに行ったり、食料品を買い込んだり、部屋を生活できるよう整えた。澤田さんがマスターベッドルーム、太野さんが一部屋、もう二人がツインルームをシェアし、私は澤田さんの友人で現役のプロサーファー相場さんとツインルームをシェアした。

今回は澤田さんの友人や知人合計六名での生活となった。現役プロサーファーが澤田さんと相場さん。太野さんは会社員で、皆がスポンサーと言っていたので、詳細はわからないが部屋代の多くを払ってくれていたのだと思う。そのおかげで私たちは安く生活することができた。それからリツさんが澤田さんと親しい友人で、由奈さんは一番若かった。

部屋の整理ができたら、目の前のポイントに行く。コンドミニアムの地下は駐車場と、サーフボード置き場があった。鍵がかけられるようになっていて、サーフボードの盗難防止になる。地下でボードを取って一階に上がり、そのまま裸足で海まで歩いていく。車道を渡ったら、すぐそこは世界クラスの波が割れるポイントである。朝から晩までとにかくたくさんの人がサーフィンをしていて、老若男女、どんなレベルの人も海に入っている。

波がある日は流れがあるときも多く、これをサーファーはカレントがきついと表現する。当時の私はこう書いていた。

カレントがきついとは聞いていたけど、本当にものすごい距離を流される。流されながらアウトに出て、流されながら乗って、流されながら上がるという感じ。少しでももたもたしてたり、パドルして乗らないなんてことをすると、あっという間に流されて、一本も乗れずに終わる。一旦上がってまた入り直すのが当たり前なので、海岸や道路を歩くサーファーがとても多い（二〇〇二年一月二八日投稿のブログより）。

私などは、連なった四つのポイントの一番奥から入り、沖に出られるのが二つ目のポイントで、波に乗れるのは（乗れないときもある）三つ目のポイント、そして流されて四つ目のポイントで上がる。あまりにも長い距離を歩いて戻らねばならないので、途中から小銭をポケットに入れていくようになった。のどが乾いたら飲み物を買うためである。それくらいカレントがきつい日というのがあった。日差しは経験したことがないほど強く、日焼け止めを塗っても真っ黒に焼けていく。慣れない身体が悲鳴をあげる。

体のほうは…（中略）…たくさん波に乗ったくらいパッキンパッキンなのに。ふくらはぎなんて、針で刺したら風船みたいにパンって割れそうなくらいパンパン。足首もなくなってるし（二〇〇二年一月二八日投稿のブログより）。

一つ目のポイントには頭ほどのサイズがコンスタントにあった。ほぼ毎日このようにサーフィンを最低二回は行い、そのあとストレッチをしたり筋トレをしたり、時おり近所のヨガ教室に行ったり、ビーチを走ったりした。澤田さんのトレーニングをそのまま皆で真似るのである。その合間に、食事の準備をし、掃除をし、買い物をしたり、ブログを書いたり、ときおり澤田さんの友人が訪ねてきて一緒に食事をしたりした。乗れなくて落ち込む日もよくあったが、波に慣れて身体も慣れてくると、だんだん怖さが減り、身体が動くようになっていくのを実感した。乗れていないと澤田さんにすぐ見つかって叱咤激励が飛んでくる。頑張って突っ込めば、それもちゃんと見ていてほめられる。そうやってわずかにでも成長していくのを実感できた。

サーフィンにおける集団生活

ところで、この旅はその後、大変きついものとなっていく。太野さんを除く五名は、基本的に澤田さんのスケジュールに合わせて動いていく。各自の自由行動は、レンタカーが一台、車以外の交通があまりないということと、家の鍵を持っているのが澤田さんと太田さんということもあって、限られたものとなる。集団生活にとって、合わせられない人は周囲との摩擦が避けられなくなる。この合わせられない人に私がなっていくのである。ある日のブログにこのような記述がある。

今日の朝一も流れがなくて良い波。しかし、人があっという間に増えて、ロングも山盛りで、ちーーーーっとも乗れません。乗れてもパーリングしたりとか、いろいろ失敗した。でも粘りに粘って入っていたら、やっと私の波が来た。セットだ〜！ 張ってくる波に降りていくのは最高に気持ちがいい！ オージーのおじさんも乗り終えた私に向かってイェ〜って言いながら拍手してくれた。今日のノルマは果たした気がした。でも上がってきたら、師匠に「えりちゃん、遅い〜〜、今日は忙しいのよ〜！」と叱られるオチがついた（爆）そうなのだ。今日は銀行行ったり、買い物したり、師匠のおニ

ューの板を…（中略）…工場へ取りに行ったり、用事がいっぱい。（二〇〇二年一月三〇日投稿のブログより）

思い切って波に乗らなければ、澤田さんは乗らない私を注意してくれる。波乗りに来ているので乗らなければいけないのだが、サイズが大きいことが怖かったり、パドルが遅れたり、いいポジショニングができなかったり、良い波を見分けられなかったり、さまざまな要因によって波には乗れなくなる。圧倒的に乗っている数が少ないことを自覚していることもあり、とにかく波に乗ろうという思いが先行し、大切な用事がある一日であるということが頭から抜けていた。しかし、波という予測が難しいフィールドを中心として生活するには、つまり良い波の時に、波乗りができるときに、サーフィンを最優先するには、いつ用事を済ませるか、効率よく済ますことができるかが、とても大切だ。一番技術的に劣っているので余裕がなかったのもあるが、周囲を優先するという意識がなかった。こういうことが起きると、一事が万事、うまくいかなくなる。すべてのことが裏目に出るようになった。

私が周囲から浮いたとき、非難の対象となったのは例えば、人よりたくさん食べ過ぎるというものがあった。皆はこれを機にダイエットをして身体づくりをしていたが、私は普段から皆に比べて運動をしていなかったこともあって、ダイエットよりはたくさん食べて体力をつけるべきだという違いがあった。しかし食費は皆で分担している。たくさん食べれば他の人に負担を強いることになる。そう言われてとても悲しかったが、確かにフェアではないので、気分転嫁も兼ねてスーパーに行き、食べてみたい食材や甘いものを買って帰り、冷蔵庫に保管したりした。これがまたかわいげのない行為に映ったに違いない。甘いものもご飯も制限なく食べる人、自分の分だけ食材を買って自分だけで食べる人だからだ。なぜこんなことが問題になるかといえば、海外での予算の限られた生活、シーズンオフとはいえプロにとっては貴重なトレーニング時期、毎日自分たちのサーフィンの相互評価から逃れることができない生活である。リラックス時間もあるが、日常とは異なるこの空間・時間で、もろもろのことがスムーズに流れるためには、特にいろいろな点で未熟な人が、他と違うことをして和を乱すことはやっかいなのだ。

次第に、みなの非難と不満の矛先が自分だけに向けられるようになっていくのがわかった。一番若い由奈さんは、私を無視したり、ばかにしたりするのを隠そうともしなくなった。それを認めてしまえば、気づいてしまえば、もうここにいられないような気がした。馬鹿なふりをして意地の悪い言動に気づかないふりをして、なんとかやりすごし、自分のできることをやって帰ろうと思った。しかし空回りし続けた。さぼろうと思っていなくても、運動能力と体力のあるみなについていくのは、難しかった。自分の限界になかなか挑戦できない私は、怠け者に見えたと思うし、期待や親切に沿えなかったと思う。面白いことを言うでもなく、気が利くわけでもなく、かわいらしいところを見せるでもなく、実際に迷惑もかけたと思うし、いらつかせもしただろう。それでも日々は続き、いつもこういう時ばかりではもちろんなく、サーフィンは必ず見てもらっていたし、上達を励まされたし、できないことができるようにもなった。信じられないほど楽しいことも、めったにできない新しい経験も、それこそ山のようにさせてもらえた。しかし三月に入って最後の一か月弱、私は毎日日本の友だちに電話をかけ、かろうじて生き延びているような精神状態になった。フライトを一週間早めて日本帰ることにした。オーストラリア最後の日記にはこう書いてある。

飛行機が飛び立ち、クーランガッタの景色がどんどん遠ざかる。日本に帰るんだという思いが、やっと現実的なものになってきた。久しぶりに一人になって、この長いトリップを思い返した。ちょうど二か月前、日本を出てオーストラリアに来た。滞在中、いろいろなことがたくさんあった。はじめてのことばかりで、みんなにいっぱい迷惑をかけたけし、それによって私自身にもつらい事があった。このトリップには、サーフィンがうまくなりたい一心で参加したけど、結果はサーフィン以外のことのほうが勉強になった事が多かったかもしれない。団体生活をしてこなかった、そして極力避けてきた私は、思わぬところで思わぬ弱さを露呈してしまった。でも、そのことが結局サーフィンをしていくうえで、実は一番大事なことになるような気もしている（二〇〇二年三月二九日投稿のブログより）。

サーファー同士の集団生活において、「トラブルメーカー」は私だけではないと思ったのは、二〇〇一年に池澤夏樹が書いた小説、『カイマナヒラの家』にも同じような少年が登場するのを知ったからだ。帰国後、何かのきっかけでこの小説を読み、とうてい他人事とは思えなかった。私自身は一人暮らしをしていたが、社会性とか、共同生活のスキルとか、生活の知恵だとか、人とのコミュニケーションについては、身に付けていないわけではないが、きっと周囲の人とは異なるルートを歩み、異なる種類のものしかなかったのであろう。共同生活はそうしたことを際立たせる。いわゆるドジ、どんくささは、サーフィンをする上では一番障害になるタイプの資質に思えた。池澤は

「この物語の登場人物はすべて架空であり作者の想像の産物であるが、家は実在した」と書いている。架空ではあるが、ハワイにあるサーファーたちが集うこの家で繰り広げられたできごとにインスピレーションを得たと考えるならば、カラミティー・ボーイ(2)は私である。共同生活では、弱さがさらけ出され、良いことも悪いこともすべてを分かち合うような経験をする。旅はサーファーのサーフィンスキルを磨き、そして人間的に成長させるのである。(3)

3　コンテスト

オーストラリアから帰ったあと、しばらくコンテストに挑戦する日々が続いた。女性のコンテスト参加人数は、少ない時で、2ラウンド設定され、一度（ラウンド）勝てばファイナルラウンドに進出する場合もあったり、1ラウンドのみで初戦が決勝戦ということもあったりした。

三か月後には、二〇〇二年度西日本サーフィン選手権大会の出場選手を決定する支部予選があった。前年のレディースヒートは八人のエントリーであった。そのときは1ヒートだけだったということなので、人数的には倍増したことになる。今回は2ラウンドあったので、一度勝てばファイナルに進出する。

いよいよ自分のヒートが始まる。思ったほど緊張はしていないなあと思ったけど、テイクオフする波、ほとんど全部コケたので、やっぱりそれは緊張してたってことなんだろう。去年は一二分のあいだに、三本さえ乗れなかったから、今回はとにかくちゃんと本数を乗ろうとか、いろいろ思ってたけど、実際始まると全然わけわかんなくなった。特に、セットがどこに来るのかわかんなくて、頭真っ白けだった。ルミ子さんは最初の一本、レギュラーのとても良いライディングをしていた。あれを見て、ルミ子さんが一位だなと思った。私は一本もまともに乗れなかった。そしてホーンが鳴って、あっけなく終わった。またやっちゃったよ。(二〇〇二年六月二日投稿のブログより)

もう敗退したと思っていたが、結果を見たら二位でファイナル進出が決まっていた。上位二名が次のラウンドに出場することができ、別のヒートで勝ち抜いた二名と対戦するのである。ファイナルは四名で対戦する。

由紀子さんからいただいた、大会の時にこけたらダメだよ、絶対こけないように乗らないといけない時なのに、というアドバイスをしっかり胸に刻んで決勝ヒートへ。ヒート開始直後、グーフィー波が私の前に来た。コケたらイカン、コケたらイカン、それだけを考えて乗った(笑)やっと少し走れた。でもそのあと乗ったのは全然ダメで…でもさっきよりは自分的にましだったし、気分はさっぱりした。

(同ブログより)

表彰式では三位の賞状とトロフィーをもらった。コンテストに出始めてから、トロフィーを持って帰ることは夢だったので、とてもうれしかった。その小さな小さなトロフィーは、もっともっとコンテストに出て上位を狙いたいというモチベーションに火をつけた。

同じ年の七月には、スポーツ用品の小売店が主催するコンテストに出場した。この大会に出るのは昨年に続き二度目で、大会の開催される浜の目の前にある民宿に前日から泊まって備えた。

テント設営開始の四時に海に行くために、三時半に起床。夕べ寝たのが一一時半。ね、ねむすぎる。荷物の積み下ろしを少々お手伝いし、自分たちのためのテントも広げてほっとひと息。まだ日が上がらないうちからものすごい暑さ。雲ひとつない今日も、ものすごい気温になるだろう。このテントがなかったらとても一日もたなかった。川崎さんありがとう。（二〇〇二年七月二七日投稿のブログより）

レディースのヒートは2ポイントに分かれて開催された。五人で一〇分のヒートが四つあり、二位までが次のラウンドに進出する。これを二回勝ち抜くと決勝ラウンドに進出できる。私はここでも、上手な人から「波はバンバン入ってくるから、セットを待ってロングライドが大事」とアドバイスをもらっている。こうした当日のコンディションに合わせた戦略はとても大切で、自分よりも上手な対戦相手に勝っていくために、大変貴重な情報なのである。私はこのロングライドをとにかく決めるということを頭に入れて、今までできたことのない、大会でロングライドを決めるという自分なりの課題に挑むことになる。

すると運よく二回戦とも勝ち進み、決勝ラウンドに進むことができた。この時点で、たとえ負けてもたくさんの景品を手に入れることが確定し、とてもうれしかった。景品は主催の小売店が持っている在庫品なのだが、そうしたものをもらえるのがとにかくうれしかったのである。表彰式で自分が三位になったことがわかった。今までよりも賞状もカップも大きかったことを喜んだ。ルミ子さんはじめ、たくさんの方の豊富な経験、サポート、アドバイスから学ぶことが多かったと当時の私は書いている。同じ年にはルミ子さんのショップの大会にも出場させてもらい、ウィメンクラスの四位になった。

オーストラリアから帰って、出られる大会はすべて出るようになった。二〇〇三年には、NSA＋の3級を取得した。女性だけのコンテストが愛知、千葉、静岡等の各地で開催されるようになったのもこの頃である。女性のプロサーファーたちが、アマチュアの女性サーファーのためのコンテストを開催し、女性のサーフシーンを盛り上げようとしていた。彼女らについているたくさんのスポンサーや、地元の男性サーファーたちもボランティアとして協力していた。友人たちと車で出かけて行っては、友人の友人宅に泊まったり、車中泊をしたりして、各地を点々とした。毎回大会で見かける女性サーファーと知り合いになるなど、とても楽しくて、忙しくて、いつもお金が足りなかった。サーフィンが生活の中心というにはのめりこみ過ぎていて、この頃、自分にとってサーフィンは情熱であり、人生であり、そしてすべてだった。サーフィンはスポーツではないと、初心者だった私に諭すように言ったサーファーの気持ちが、少しわかるような気がした。

4　引っ越しとショップ迷子

このようにオーストラリア合宿後はコンテスト出場に熱中した二年間を過ごした。このあと、大学院を終えてから身の回りにさまざまな変化があり、サーフィンがすべてであった生活にも終わりが近づいてくる。

二〇〇三年は大学院の博士課程を認定退学（三年が経過し博士号を取得する前に「卒業」）した年である。就職先もなく博士論文も書いていなかったが、あまり期間を延ばしてもだらだらしてしまうような気がして、背水の陣のつもりで退学を選んだ。退学後の二〇〇三年から二〇〇五年までは研修員の制度（ドクター後の院生のための制度で、研究室に所属しながら研究を続けられる）を使って研究を続けた。二〇〇五年からは二一世紀COE（世界的な拠点づくりのための制度）研究員となり、わずかだが給与をもらいながら期間限定で雇用された。たまたま縁があり、二〇〇七年から岐阜にある医療系大学に勤めることになった。この年に結婚をし、博士号を取得することになる。相手が兵庫に居住し、家を構えたので、私が単身赴任となり、週末などを利用して月に一、二回程度通うようになった。

岐阜と兵庫を往復する非常にハードな生活だった。関西圏で少しできかけていた人間関係やショップとのつきあいも疎遠になりがちだった。しかしサーフボードやウエットスーツなど、道具をそろえる必要もある。結婚相手の通っていたショップに一緒に行くようになり、そこで道具を購入し、そのショップが開催していたコンテストに出たりするようになった。ショップを変わったり、点々としたりすることは、精神的に大きな負担だった。ショップとはいろいろな意味で上手につながりを維持している方がいいが、転居や結婚で離れてしまうことでつながりを持ちにくくなってしまう。周囲にはそのようなことを経験している人もいなかったし、誰にも相談できず、とても悩んでいた。夫のショップはとてもよいオーナーがいたし、ボードをシェイプしてくれるシェイパーにも直接波乗りを見てもらって削ってもらえる、すばらしい環境だった。しかし夫のショップに変わることは、何か自分の自立が失われるような気がして、なかなかふん切りがつかなかった。どれだけ悩んでも答えを出すことができなかったので、自分の気持ちが自然と整理されていくのをじっと待つほかなかった。

こういう生活では、以前と同じペースでサーフィンをするのは不可能である。それでも夫が通っていた日本海側のポイントに連れて行ってもらい、新しいポイントに入る楽しみができた。太平洋側とは波質が違うので、難しかったがとても面白かった。ゴールデンウィークや盆・正月などまとまった休みに二人で泊まりがけのサーフトリップに行くことも多くなった。二人のお気に入りのトリップ先は、宮崎だった。安くて使い勝手のいい宿に一週間ほど滞在する。八時間ほどかかる陸路を交代で運転する。眠さと疲れとの戦いのあとにたどりつくのは、冬でも暖かく波の豊富なサーファーにとっての楽園のような場所である。一年に三回ほど行った年もあった。コンテストのような緊張感も、混雑した海の争いも、男の人が多いショップの難しいつきあいからも、全部解放されてただ波に乗る時間が、とても幸せに感じた。お互いサーファーなので気遣いもいらず、体力の許す限り海に入った。年末年始をめいっぱい宮崎で過ごすので、妻らしいことをせず、仲のいい友だちとサーフィンをして楽しむような関係だった。

しばらくそのような生活を続けながら、私は海外でサーフィンをする女性たちの調査を始める。二〇〇五年、二〇〇七年、二〇〇八年にカリフォルニア、二〇〇八年にオーストラリアに単身で渡り、科研費の若手枠での助成を受けて各一週間から一か月程度の滞在をし、調査を行った。サーフィンにはある程度満足をした気持ちになりつつあった。二〇一一年に東日本大震災を経験し、単身赴任の生活に途端に嫌気がさし、退職を決意する。任期制の仕事でもなく、次のあてもなく仕事を辞める私に、周囲の人たちはかなり驚いたようだが、自分の気持ちに不思議なほどためらいはなかった。二〇一二年に退職し、夫の家での同居生活が始まり、運よく二〇一五年から新学部設立をする大学での雇用が決まった。

その後しばらくして、離婚、引っ越し、父親の死、新しい交際相手との別れが重なり、あまりの重さに自分のことを支えることができなくなってしまう。サーフィンに行く気力はなく、かろうじて仕事に穴をあけず、一日一日を生きているのが精いっぱいだった。

関西地域でのサーフィンは、コンテストに出ること、新しいショップとのつきあい、プロをはじめとするたくさんの女性サーファーたちとの出会いがあり、新しい経験に満ちていた。精神的にも肉体的にも自分の限界を超えるような体験をして、サーフィンが生活の中心にまで一気に上り詰めていった。その後、退職や新しい赴任先への着任、私生活での大きな変化をきっかけに、あまり考えたこともなかったサーフィンの中断の危機にまで至った。今回ばかりは情熱を失ってしまいそうだった。この後、どのようにしてサーフィンを再開していったのか、次章で述べていきたい。

第7章　サーフィンの再開

二〇一五年に現職についてから、海外の学会で報告したことにより、さまざまな地域のサーフィン研究者とのネットワークを得ることになった。この章では、多くの研究者、女性サーファーたちとの出会いによって、サーフィンライフがまた新しいフェーズに入り、展開していく様子について述べていくことにする。

1　サーフィン・ソーシャル・フイ

サーフィンには熱意を持てない状態が続いていた。それでも気晴らしにと出かけて行っても、気が散ってしまってあまり楽しめなかった。往復の車の運転も気が重く、ふさぎがちであった。研究にも身が入らず、サーフィンを研究することもつらくなった。

そんなある時、フェイスブックでつながっていたジェンダー研究の研究者から、サーフィンに関する国際学会がある、関心があるのではないかと思ってと連絡を受けた。見てみると、サーフィン・ソーシャル・フイ（Surfing Social Hui）という名称の大会で、サーフィン研究者、活動家、プロ選手やメディア関係者など、サーフィンに関心を持つ多様な人々の参加を呼びかけていた。フイ（Hui）というのはニュージーランドの先住民族であるマオリ族のことばで、カンファレンスやミーティングを意味している。サーフィンを中心とした学会は、管見の限りこれまで見たことがなかったので、とても驚いた。ニュージーランドのワイカト大学において、リサハンター（当時、ワイカト大学）が中心となって開催する大会だった。面識はなかったがすぐさま参加を決め、報告のエントリー手続きを行った。英語での報告や、見知らぬ研究者たちのなかに飛び込むことは容易ではなかったが、今回はジェンダーでも、社会学でも、スポーツでもなく、サーフィンがテーマである。とても興奮したし、行くのが楽しみだった。

サーフィン・ソーシャル・フイへの参加

ウェブサイトを見ると、学会会場は大学ではなく、ソルスケープ（Solscape）[1]というエコフレンドリーな宿泊施設だった。ラグランという世界でも有名なリーフブレイクの目の前にあるソルスケープは、とてもユニークなシステムを有していた。いわゆるホテルのような大きな宿泊用の建物というものはない。最も高価なのが木造のコテージ（Eco Bach、Family Bach、IVY Cottage）でこれがそれぞれ一、二棟、プレハブ小屋（Summer Studio）が数個、廃電車を再利用したもの（Overland Train）、土でできたドーム（Earth Dome）が数個、テント（Tipi Forest、Garden balles）が数張、安価なドミトリー形式の平屋の建物（Cabosese）が一棟あった。多少はプライバシーも欲しいと思い、ドームに宿泊することにした。コテージ以外は、すべてトイレやバスは共有で、いったん戸外に出て、トイレとシャワーのある小屋に行く必要があった。徹底して環境に配慮した施設になっており、水も電気も節約することが求められた。あまり舗装もされていないので、風が吹くと砂埃が舞う。ドームの中も土間しかないので、屋根はあれども、常にテント生活をしているようであった。

食事は、自前の畑でとれた野菜が中心のベジタリアンメニューで、有機の食材が中心であった。サーフスクール、ヨガセンター、マッサージ、ホリスティックボディワークなどのスペースもある。リラックスやデトックスなどのリトリートで訪れる人も多いようだった。

学会一日目は、開会式があった。宿泊場所は小高い丘の上にあるので、そこから車で少し移動し、ほとんど何もない広場に行った。遠くにトーテムのような木の像があり、集会室が見えた。ここはもともとマオリ族の人たちの生活の場である。海沿いの土地は、あとから来た白人によって占有され、マオリが居住する土地はかなり切り詰められている。こうした土地の背景に配慮し、まずは先住者の人々に挨拶をし、土地に入る許可を得るという趣旨の開会式であった。

木の像の前にマオリが数人いる。私たちのほうから大きな声であいさつのことばをかけると、マオリからも応答があって近づくのを許された。徐々に、静かに、近くに歩いていく。風が吹き、静寂で、かすかな緊張感もただよっていた。それから一人ずつ、マオリ風の挨拶、つまり握手をした後、互いの鼻と鼻をくっつけるホンギと呼ばれる挨拶を行った。正式に入場の許しを得て、集会室の前でお茶やフルーツなどの軽食をごちそうになった。なるほど、見知らぬ人の土地に初めて訪れるならば、相手に敬意を払うのは当然だなと思えた。人と人が出会って少しずつ距離を縮めるということが、象徴的に表された興味深い儀礼だった。その日は翌日の学会報告に備え早めに就寝した。

学会報告の会場は、レセプションのあるメインの建物の二階にあった。板張りの土足禁止の部屋で、みな靴を脱いで上がった。二階からは海が一望でき、開放感でいっぱいだ。集まってきた研究者たちは、みな短パンにTシャツやアロハシャツなどで、そのままサーフィンにいくようなカジュアルさであった。足元もビーチサンダルをはいて宿泊棟のスペースからやってきて、靴を脱いで部屋に入る。サーフィン研究の揺籃期を築いたような著名な研究者たちも、誰も特別扱いはされず、非常にフラットな雰囲気であった。机はなく、椅子が並べられたレイアウトだった。報告担当者は、そのまま前に出ていって行うのである。

主催者のリサハンターと、中心的に動いていたエルキー・エメラルドは、大変フレンドリーに迎えてくれ、一人で参加した私に何かと親切にしてくれた。二人の知り合いの研究者たちを紹介してくれ、そこには先行研究で引用した *Surfer Girls in the New World Order* を著したクリスタ・コマーもいた。当時の私は海外研究を追い切れておらず、サーフィン研究を大きく前進させたこの著書もコマーのことも、恥ずかしながら知らなかった。初日に出会ったリサ、エルキー、クリスタ、ローズ、リサの妹のアナたちは、食事に行くときも、海に行くときも、必ず私に声をかけてくれ、以後ずっと行動を共にさせてくれた。日本はおろか、アジアからの参加者は一人もいなかったので、心細さもあり、これが本当にありがたかった。特にソルスケープに行く前に滞在したオークランド市内の民泊で、家主とのあいだにちょっとしたトラブルがあったので、見知らぬ土地で受ける親切が身に染みた。

ここでは朝早く起きてサーフィンをし、シャワーを軽く浴びて朝食をとる。そして学会に参加する。早めの夕方、さらにもう一度海に行き、サーフィンをしたり、泳いだり、ただ太陽の光を浴びたりしてリフレッシュする。宿に帰り、冷たいビールやワインを飲みながら、おしゃべりをした。これが四日間続いた。

最終日には映画 *Out in the line-up: Uncovering the Taboo of Homosexuality in Surfing* の上映があった。この映画は二〇一四年に公開されたオーストラリア映画で、イアン・トムソン監督・脚本、トーマス・キャステッツプロデュースである。OUTというのはセクシュアリティのカミングアウトを意味している。DVDの表紙には、「TO LIVE YOUR DREAMS, YOU CANNOT HIDE YOUR TRUE SELF（自分の夢を生きるためには、本当の自分を隠すことはできない）」という、出演者によるコメントの一部が記載されている。プロ選手として現役で活動する時には同性愛をカミングアウトできなかった元プロサーファー、現役時代からカミングアウトして活動したサーファー、ごく一般のサーファーたちなど、世界中のゲイサーファーたちが、それぞれのストーリーを語るのである。彼女ら・彼らは一様に、サーファーの世界で同性愛をカミングアウトすることの困難を語っていた。トーマス・キャステッツ自身がこの上映会に参加し、映画の紹介を行った。この時私は初めて、サーフィンの世界の異性愛中心主義に意識を向けていなかったことに気づく。ジェンダー視点を持ってはいたが、セクシュアリティに関しても差別や抑圧があることを、ほとんど考えていなかったのである。キャステッツはこの映画の上映会を各地で行っており、日本でも開催されたことがあった。

キャステツが開設した「GaySurfer.net」というウェブサイトも教わり、世界中のゲイサーファーたちが安心してつながれる数少ない場所の存在を知ることができた。

サーフィン・ソーシャル・フィイでの経験

振り返ってみれば、この学会の意義は、世界で初のサーフィン学会であったという点だけではない。あらゆるマイノリティへの配慮に満ちていたという点が、最大の意義であり貢献である。ベジタリアン、エコロジスト、ジェンダー・セクシュアルマイノリティ、エスニック・マイノリティ、非英語話者に対して、敬意が払われ、配慮がなされていていた。全員が裸足で報告するという型破りなこの学会は、あらゆる人が地位や立場を靴と一緒に脱ぎ去って、対等な場所に立ったということを意味している。サーフィンを愛し、サーフィンを研究する、サーフィンをする世界をいかに良いものにしていくか、そういう情熱という共通点で集うフラットな場だった。主催者たちの創造性、熱意、貢献、探求心、配慮、愛、友情、そういうものが存分に発揮されていた。

サーフィンを愛する研究者たちがつくりだす、フラットな関係性、刺激に満ちた議論、平和で優しい陽気な時間は、大変新鮮だった。特に五名の女性たちの示してくれたあたたかい友情には、どれだけ感謝してもしきれないほどである。そこに滞在した四日間、一人も日本の人を見ることなく、日本語を話すこともなく過ごした。英語でのコミュニケーションは楽ではない時もあったが、毎日が必死で、そして充実していた。

学会最終日に、再びオークランド市内に移動し、帰国まで二泊する予定だった。しかし、予約をしていた民泊から連絡がなく、宿なしになってしまった。慌てて探すなどしたが、安価に泊まれる場所がない。困っていると、リサが自分の家に来てもいいと言ってくれ、居候させてもらえることになった。レンタカーを借りていたのでリサの車の後を追い、ラグランからほど近いハミルトンに移動した。妹のアナは気の毒にも、自分の部屋とベッドを私に譲ったせいで、エアマットをふくらませた急ごしらえのベッドに寝ることになった。夕方はダウンタウンに出かけ、クラフトビールを飲み比べ、ギリシャ料理を食べに行った。リサの同僚のロバート・ラインハートも合流した。*To the Extreme: Alternative Sports, Inside and Out* の著者であり、エクストリームスポーツ研究を牽引する一人である。下手な英語しか話せない私の話にも真摯に耳を傾けてくれ、楽しい一夜を過ごさせてもらった。翌日家を出て、再びオークランド市内に戻った。これまで一人で細々と研究を続けてきたが、この学会に来ることによって世界が広がり、目を開かれた思いだった。

大会期間中、プログラムの合間の時間帯を使い、リサはここでの報告を書籍として出版したい人たちを会場に集めた時があった。私はこうした機会をまさに求めていたので、自信はなかったが、とりあえず参加してみた。セックス、ジェンダー、セクシュアリティとサーフィンに関心を持つ人たちが、各自のテーマで論文を書く論集出版の計画だった。相互にピアレビューを何度か入れ、修正をしつつ一冊の書籍にまとめていく。リサが出版社とのやり取りをするうち、この計画は実現することになった。

プロセスの中で、編者のリサから、他の人の論文にもピアレビュアーとしてコメントするように言われた。私は英語論文の言葉や文法的な誤りはとても指摘できないと申し出ると、英語の修正はしなくてもいい、それ以外の、論理展開や妥当性、オリジナリティなどの面でのレビューをしてくれと言われた。私の原稿は、レビューアーに送る前に英語校正の会社に出しておいたが、学術的な専門用語やサーフィンに関する専門用語、微妙なニュアンスなど、すべてカバーしてもらうのは難しい。日本語を英語に訳すだけでは伝わらない、日本以外の背景を持つ人に理解してもらうための説明を加える必要がある。レビューアーに加え、編者になったリサは、私の原稿を非常に丁寧に、注意深く、そして辛抱強くチェックし、修正してくれた。たくさん面倒をかけて申し訳ないと謝る私に、外国語で論文を読んで書くことの大変さに共感を寄せ、謝る必要はない、日本の研究がぜひとも必要なのだと何度も言い聞かせてくれた。こうした多大なサポートをいただきながら、原稿は完成していった。この論文は、Routledge から出版された *Surfing, sex, genders and sexualities* に収録されている。

サーフィン・ソーシャル・フイの経験は、自分にとって間違いなく人生の転機となった。研究、サーフィン、生活、すべてにおいて、パラダイムシフトするきっかけとなった。ここで出会ったジェンダー／セクシュアリティとサーフィンの研究者の多くは、コマーの言う「サーフフェミニズム」の真の実践者である。ジェンダーセンシティブな意識を持ち、女性のエンパワメント、女性同士がつながること、性的に搾取されずサーフィンを楽しむことを重視する。サーフィンを通じたフェミニズムを、アカデミズムの主張にとどまらず実践する誠実で力強い女性研究者たちとの出会いは、自分にとってこれ以上ない活力になり、サーフィンへの熱意を取り戻すきっかけとなっていった。

2　バタフライエフェクトというイベント

二〇一六年には、もうひとつ忘れられない出来事がある。九月二一―三日に宮崎県で開催された、バタフライエフェクト（Butterfly Effect、以下バタフライ）というイベントに参加したことである。バタフライはもともと、ハワイのマウイ島出身のプロウィンドサーファー、タティアナ・ハワードが始めた、「サステイナブルで、創造的で、協同的なサーフスポーツの集会」、女性が中心のイベントである。[2] 競技は行わず、「健康的なライフスタイル、生き生きとしたコミュニティづくり、アクティブでローカルなイベント」を目指している。バタフライエフェクトとは、気象学者のエドワード・ローレンツが一九七二年にアメリカ科学振興会で行った講演タイトルに由来すると考えられている。蝶の羽ばたき程度の小さな変化も、結果に大きな変化をもたらす可能性があるという気象学や力学の考え方である。「Be the Effect」はバタフライの合言葉である。フライヤーによると、イベントには「小さなことから何かポジティブで大きな流れを生むきっかけにしよう」という意味が込められているという。二〇〇七年のマウイから始まり、現在では一九以上の国で開催され、年間何千人もの参加者がある大きなイベントとなった。参加者はすべて女性で、あらゆるサーフスポーツ――サーフィン、ウィンドサーフィン、スタンダップパドル、カイトサーフィン等を行う。映画を観たり、お酒を飲んだり、ヨガやフラをしたり、自分の得意な分野でブースを出したり、アイデアをシェアしたり、ビーチで一日中、スポーツをしながら遊ぶのである。

日本で初めての開催

日本では、プロウィンドサーファーの岡崎友子が宮崎で初めて開催したのがこの二〇一六年のバタフライである。[3] 岡崎のことはサーフ雑誌のコラムなどで見たことがあった。国内外で活躍する有名なアスリートで、ぜひ会ってみたいと思っていた。このイベントもまた、別の研究仲間のフェイスブック友だちが、興味があると思って、と連絡してくれたのである。イベント案内を見て、いちもにもなく申し込んだ。競技目的でない、そしてサーフブランドの主催ではない、女性が主催する女性のためのサーフィンイベントは、そのころ日本にはとんどなかったと思う。いろいろなサーフスポーツを楽しむ女性たちに会えるのが楽しみで、当日を心待ちにした。イベントのオーガナイザーは、マウイ在住のオーシャンアスリートの岡崎友子、ヨガインストラクターの岩崎玉緒、プロサーファーの間屋口香である。三名はそれぞれの分野の第一人者で、知名度も人気も高い。

宮崎にはこれまで何度もサーフトリップで訪れているので、会場近くの宿探しや、交通手段や経路などはあまり苦労せずに選択できた。夏の暑い時期なので、一日炎天下にいてもばてないよう、少し贅沢だが会場である海の目の前にあるホテルの個室を取った。一人には大きすぎる部屋だったが、快適だった。当日は飛行機で宮崎空港まで飛び、そこからレンタカーを借りて会場のある青島まで移動した。

会場はSURF CITY宮崎（以下、サーフシティ）という宮崎市青島に位置する施設である。[4] 大正時代の民家を再生したクラブハウスがある。敷地面積４１０㎡の中に、ヨガスタジオ、ワークスペース、ラウンジ、カフェ、ロッカー、シャワー、庭と収納庫などがある。浜に直結しているので、海から上がってシャワールームを利用することができる。通常は、スタジオプログラム、サーフスクール、ランニング等のメニューが用意されている。サーフシティを運営するのは、株式会社BEACH TOWNという横浜に本所地のある「アウトドアフィットネス」施設・事業のプロデュースと運営を行う会社である。[5] プロデューサー兼代表取締役である黒野崇が「自分のいのち。地球のいのち。その恩恵が個人に還元される」をキーワードに、「個人や地球が社会に貢献することで地球の環境が改善され、その恩恵が個人に還元される」ムーブメントになることを目指すというミッションのもとに創業した。黒野は日本体育大学健康学部を卒業後、病院勤務での予防医学に携わった。二〇〇八年に設立以降、全国に事業を展開している。サーフシティは二〇一六年四月に有限会社宮崎潜水が事業主体となって設立された会員制クラブである。

バタフライへの参加

このサーフシティにおいて、バタフライのイベントは二日間にわたって開催された。テーマは「The Wave I Ride（自分が選んだ人生の波に乗る）」。フライヤーによると、次のように書かれている。

興味のあるワークショップやブースでいろんなことを経験しながら、参加者同士が親睦を深め、語り合うことで、参加者一人一人が自分が**幸せな人生を送るために必要なこと**、あるいは自分がしたいこと、など自分なりの人生の波について考える**きっかけのイベント**にしたいと思

っています。（太字ママ）

一日目は前夜祭として、一七時半からライブ、一八時半から映画 *The Wave I Ride* の上映、そして一九時半からトークセッションが予定された。映画のみの参加は1ドリンク付きで一八〇〇円（前売り一五〇〇円）である。二日目は朝八時からビーチヨガ、九時に開会式、一〇時からSUPあるいはサーフィン、ランチを挟んで一三時からビーチゲーム、一五時半からビーチクリーン、一六時に閉会式とある。二日目のイベントへの参加は、出店ブースで使えるチケットやランチもついて八〇〇〇円である。私は二日間参加する予定で九五〇〇円を振り込んだ。定員は先着の五〇名であっという間に締め切りとなったという。参加費だけではまかなえないゲストの旅行費などをクラウドファンディングでも募っていた。私はわずかだが参加費に加え寄付をした。Tシャツが返礼品としてついてきた。

映画はペイジ・アルムスというハワイのサーファー物語を記録したドキュメンタリーである。この映画を撮影したのはカリフォルニア在住の映画プロデューサー、デヴィン・ビッセンである。彼女自身もサーファーであり、サーフィンのメッカ、カリフォルニア州のハンティントン・ビーチでのライフガード経験を持つウォーターウーマンである。チャップマン大学でクリエイティブ・プロデューシングの学士号を取得してから、ペイジのドキュメンタリーは二五歳で撮影した。このフィルムは数々の賞を獲得している。ペイジそしてデヴィンも映画上映およびトークショウに参加した。[6]

The Wave I Ride では、ペイジがマウイ島のペアヒ（Pe'ahi）というポイントで、まるで大きな

山のような巨大な波に乗るという夢を追う姿を捉えている。ここは通称ジョウズ（Jaws）と呼ばれる場所で、人喰いザメのように残酷で危険な波が押し寄せる場所である。長い間、経験を積んだ男性サーファーに占有されてきた場所であり、女性はあからさまに排除されてきた。しかしペイジや、映画にも登場するペイジより少し前の世代のケアラ・ケネリーなどが、トレーニングを積み、周囲のサポートを得ながら挑戦を繰り返し、この波を乗りこなす女性が少しずつ増えていったのである。その後、ペイジはペアヒで開かれた初の女性ビッグウェーブコンテスト（WSLによるビッグウェーブツアーイベントで、Pe'ahi Women's Challenge）においてチャンピオンとなるのである。

サーフィンを経験したことがある人なら、彼女の乗る波は映像を見るだけで寒気がするほど恐ろしい。日本にコンスタントに立つ波はせいぜい腰から頭サイズ、経験豊かな人でも背丈の二倍ほどのダブルサイズさえ乗りこなすのは難しい。ペアヒの波は15〜20メートルの大きさなので、命知らずとしか言いようがない世界なのである。沖ではジェットスキーやヘリコプターが待機し、いつでも救助に向かうことができるようにスタンバイしている。ジェットスキーを操る人たちも極めて優れた技術の持ち主である。環境、サポート、素質、運、そして努力をした人だけが、この海に入ることができる。選ばれた人の中の選ばれた人だけである。

しかし、映画を見終わった私たちは、これを別の世界のできごととしては捉えなかった。デヴィンの、そしてペイジのメッセージは、それぞれの人生のなか、自分が挑戦したい波に乗ろうというエンパワメントにあふれたものだった。男性が多数を占める海のスポーツにチャレンジし、この上ない喜びとともに、楽しいことばかりではない経験をしてきた女性たちが、自分の人生の物語を重ね合わせていた。岡崎はのちにこの映画を、イベントの前にどうしてもみんなで見たかった、イベントの趣旨をみなで分かち合いたかったと語っている。岡崎がかかげたイベントテーマ「The Wave I Ride（自分が選んだ人生の波に乗る）」、自分なりの人生の波について考えるきっかけのイベントにしたいという思いは、参加者に確実に伝わっていたと感じられた。

トークセッションでは、バタフライの創設者タティアナ、ペイジ、デヴィン、オーガナイザーの岡崎、岩崎、間屋口の六名がそれぞれマイクを握った。印象に残っているのは、間屋口が、ふだんはこういうトークイベントなどは頼まれてもやらないのだけど、これは来なくてはいけないと思ったと言ったことだ。間屋口はマウイ島とオアフ島で高校まで過ごしている。一九歳で日本プロサーフィン連盟（JPSA）プロ資格を取得すると、翌年二〇歳でグランドチャンピオンとなる。引退の二五歳までに三度のツアーチャンピオンとなった輝かしい戦歴の持ち主である。どちらかというと人前で話したり、前に出たりするタイプには見えなかったが、本人の言う通りそうなのだろう。しかし今回は女性のための、ノンコンペの、自身の育ったマウイのイベントということで参加を決めている。普段はプロサーファーの生の声を聴く機会はあまりないので、参加者たちはとても喜んでいるように感じられた。私自身も、あっという間にプロになって、グランドチャンピオンとなって、さっと引退してしまい、そのあとはたくさんの地域に旅に出ている彼女に、ずいぶん年下ではあるが、とてもかっこいいスタイルだなと思った。トーク後、初めて会った人たちともすぐに打ち解けて、ビールやジュースなどの飲み物、軽食を片手に大いに盛り上がった。日本全国、一三の都道府県からウォータースポーツが好きな女性が一堂に会する様子は壮観だった。

翌朝は朝のビーチヨガに始まり、参加者と心をひとつにするインストラクターの働きかけに、すでに泣いてしまう人がいるほどであった。女性、海のアクティビティを愛するという共通点だけで、これだけで心の深いところでつながれるのには驚いた。サーフィン、SUPどちらかを選んでスクールも開催された。合間の時間には、二〇店近く出ていたブースを見て回った。パン、お茶、クッキー、ミューズリー、シルクスクリーン体験、耳つぼピアス、マッサージ、アクセサリー、アロマ、ネイル、ヘアメイク、レイ作り、日焼け止めコスメ、カイロ、似顔絵、マクロビスイーツ、かき氷などである。食べ物などは手作りで、身体にいいもの、オーガニックのものが中心だった。出店者自身もサーファーの女性が多く、宮崎県内で自営業をしている人も多かった。前夜祭のライブ演奏、チケットについてくるおそろいのタンクトップのデザイン、みなの写真を撮るカメラパーソンなど、かかわる人たちも女性でサーファーであった。

午後のメインイベントでは、ビーチゲームが開催された。チームでSUPリレーをするのである。これが大変な盛り上がりとなり、どのチームも一丸となって互いを励ましあい、勝利を目指した。ノンコンペのイベントではあるが、勝負となったら全員熱くなった。こんなに心臓がどきどきして興奮したのはいつぶりだろう。みんなすべてを出し切った顔をしていた。最後に砂浜を清掃して閉会式となった。

閉会式はサーフシティのスタジオ内で行われた。チームの優勝に加えて、スポンサーの時計メーカーによるGショック賞、フォトジェニック賞などがあった。子どもを持つ女性で、このバタフライへの参加が初めての自分だけの時間だという主婦の方が受賞されたとき、あたたかい拍手がわきあがった。

閉会式の最後には、主催の岡崎によるあいさつがあった。台風直撃、中止の危機もあったが、奇跡的に天気は最後までもった。みんなのパワーが台風さえ吹き飛ばしてしまった。このイベントが終わったらそこで終わりではなく、ここがスタートである。この経験を持って帰って、自分自身がムーブメントの小さな渦となって、大きな流れを起こしていこうと岡崎は言った。大きなイベントを無事終えた開放感から、岡崎は話しながら泣いていた。それを見てもらい泣きしている人がたくさんいた。

最後はお互いにスマホやカメラなどで記念撮影をした。連絡先を交換し、再会を誓う姿もあちこちで見られた。たった一日半のイベントであったが、古くからの友人のような気持になった。上映映画の *The Wave I Ride* の主役であり、私たちのチームのキャプテンだったペイジは、帰国後岡崎に向けてメッセージを送った。Butterfly Effect Japan のフェイスブックページで岡崎がみなに共有した。

> 昨日は本当に素晴らしかった、そしてこのことを決して忘れることはないでしょう。一日が終わる頃にはニコニコ笑いすぎたためにほっぺたが痛いくらいでした。こんなクレージーな感情、高揚感はもう随分と長い間感じたことがなかったかもしれない。そして一日中笑いが絶えなかった。（中略）この日本で初のバタフライエフェクトをオーガナイズしてくれてありがとう。ここにいてすべてを経験できたことにとてつもなく感謝しています。運営に関わってくれた皆さん、（中略）私たち

を呼んでくれてありがとう。そして何よりもはるばる飛行機に乗ったり、車を運転したりして私たちと共に過ごすためにここに来てくれた女の子たち、arigatougozaimasu!（二〇一六年九月七日）

少し長くなるが、イベント主催者の岡崎が込めた思いが表現されている記事を紹介したい。開催三日後に振り返った投稿である。[7]

What a party wave we rode together!

素晴らしい波に一緒に乗れた最高の週末でした。

報告が遅くなりましたがバタフライエフェクト、二日の上映会そして三日のビーチイベント、全て無事に終わらせることができました。やると決めてから半年足らず、場所が決まってから三ヶ月ほどという短い期間の中で本当に多くの人がいろんな形で協力、応援、サポートの手を差し伸べてくれたことでこのイベントは実現しました。何か事故があってからでは遅いから。台風宮崎直撃の予報にはキャンセルという案ももちろんありました。何か事故があってからでは遅いから。そしてそこは本当に大事な部分です。それでも何もできなくてもみんなが顔をあわせるだけでも違うのではないかとやることに決め、大雨で外にでれない場合何ができるか、ブースはどうするかなどあらゆる対策を練りましたが、結果みんなの強い思いが台風を押し避けてくれたのか、もうダメだと思うような部分でなんとかギリギリメイクし続け、最後に皆さんがいい笑顔で帰っていくのを見ることができました。

第一回というのはいつでも大変だけどスペシャルでもある。まだ形も見えてなかったこのイベントのスピリットを感じ、信じて参加してくれた参加者の皆さん。ブース出店の皆さん、資金繰りが全くできてなかったこのイベントを応援し、寄付してくださった皆さん、（中略）協賛品を送ってくださった各スポンサーの皆さん、機材やスキルや力と惜しみなく貸してくれたみなさん、敷地と設備を全て解放してくれただけでなく、スタッフとして誰よりも動き、蜂の巣のように穴だらけの運営の穴を一つ一つ冷静に埋めていく作業を繰り返してくださったサーフシティの黒野さん、慶士さん、そしてスタッフの皆さん、ほんとうにほんとうにありがとう。

（中略）

一〇年前タティアナがこのイベントを始めた時は、一〇数人の仲間内での開催でした「勝ち負けを決めるものではなく、みんながフィーリンググッドで帰っていくイベントが文字通りバタフライエフェクトの現象を起こして世界中の女性達にポジティブな変化を起こしていけるようになりますように」との願いを込めて始まりました。

そして一〇年経ったいま、本当にその現象が世界で起こっているのです！

そして日本にもその羽ばたきから生まれたうねりが台風に乗ってやってきました。でもここがスタートでもあります。参加してくれたみなさん一人一人の羽ばたきがさらなるバタフライエフェクトを起こし、ポジティブなエネルギーが広がっていきますように！（二〇一六年九月六日）（一部改変）

後日、カメラ撮影をしてくれた女性たちが動画を作ってくれ、サイトで共有された。それを見てまた泣いたと、参加者が次々にコメントしていた。それぞれの人生に強いインパクトを及ぼすイベントであった。私自身は、二年連続でこのイベントに参加することで、落ち込んでいた気持ちに一

区切りがついたような気がした。(8)

3 サーフフェミニズムを実践する人たち

二〇一六年以降のサーフィンとのかかわりについて述べてきた。参加した二つのイベント、サーフィン・ソーシャル・フイと、バタフライをとりあげた。この二つは、それぞれアカデミックな学会大会と女性向けのサーフイベントであり、趣旨も目的も参加者も異なるものだが、多くの共通点があった。それは、今までにないイベントであったこと、主催者が女性であるということ、周縁化されてきたマイノリティが可視化され中心におかれているということ、エンパワメントやネットワーキングが大切にされ、友情が育まれる機会になっているということ、平和や環境へのコンシャスネス・レイジングが重視されているということ、サーフィンを通じた社会への影響や貢献を目的とするという点である。

私はこれらのイベントに参加することで、これまで会ったことのない、しかし志を同じくする世界中のひとたちと出会うことができた。今まで意識しなかった、サーフィンの世界におけるセクシュアル・マイノリティ、そしてエスニック・マイノリティの視点を学ぶことになった。また、マイノリティである女性同士がつくりだす友情や連帯、物語の共有は、失いかけたサーフィンへの情熱を思い出させてくれた。そしてホモソーシャルな男性中心的な世界で肩身狭く生きるのでもなく、あるいは自らセクシズムに加担するのでもなく、競技によって勝ち負けを決める近代スポーツ的な価値観でもなく、自分なりのサーフィンとのかかわり方とともに、サーフィンの新しい世界を構築していくモチベーションとなっていった。

いったんそのような意識と人とのつながりができると、アンテナを敏感に立てることができるようになり、ノンコンペの、脱セクシズムの、そして脱異性愛主義的な、新しいタイプのイベントに続けて参加できることになった。例えば、各地に居住するバタフライ参加者との再会、二〇一八年の鳥取県大山の「スノーシュー」で行く雪板体験ツアー」参加、二〇一九年のモルディブへの女性だけのボートトリップなどである。後者ふたつはバタフライで出会った間屋口が参加を募集したもので、サーフィンをする女性たちが集まり、山や海でスノーボードやサーフィンを楽しんだのである。紙面の都合上、これ以上触れることはできないが、こうした女性向けのスモールイベントでは、サーフィンが好きな女性同士すぐに打ち解け、特に長い時間を船上で共に過ごすキャンプは、家族のようなつながりを育むことができた。経験豊富な間屋口は、スキルやアイデアを女性たちに惜しみなく共有してくれた。女性が性的に搾取されずサーフィンやスノーボードを学ぶことができるということの重要さは、このキャンプ参加者たちの満足度が証明している。スポーツとのつきあい方の新しい次元を切り開く、岡崎や間屋口のようなオーシャンアスリート女性は、サーフフェミニズムの体現者であり、多くの女性サーファーたちのロールモデルである。

終章　理想の空間をめざして

1　困難さとは何だったのか

サーフィンの世界における外側から見えにくい性差別とは何か。本書ではこの問いを念頭におきながら、これまでのサーフィン研究が見落としてきた、最周縁とも言える立場から見える世界を描いてきた。最後を締めくくるにあたって本書の目的に立ち返り、これまで述べてきた内容をたどりながら、既存の研究に位置付け、また新しく明らかにできた点について見ていきたい。

従来指摘されていたように、サーフィン文化には行動規範のモデルがあり、「良いサーファー」というのは「白人、ヘテロセクシュアル、健康、男性、サーフィンのコアな参加者（アスリートやローカル）」のことを指す。「良いサーファー」が文化の再生産をコントロールする権力を持つことが「正しい」と認識されるのは（彼らに「正統性」があるとみなされるのは）、これらの属性を有しているからである。第1章でとりあげたように、女性サーファーへのインタビューとフィールドワークによって一般サーファーの経験を考察したオリーブは、女性のサーフィンを「茶番」として「本物の」サーファーとして扱わない差別・排除の行動様式のパターンのひとつを「恩着せがましさ」と概念化した。恩着せがましい親切は、一見親切に見えるので反発・交渉しづらく、女性サーファーたちはただやり過ごしたり、性差別はないとノーマライズしたりしていた。

私自身がこれを経験した時も同じように、男性からの「親切」にありがたく思ったり、「女性らしい」気持ちになってうれしかったりしたこともある。実際、自分はショップ以外の男性の危険なサーフィンから守られたし、コマサはテトラポットに吸い込まれる危機から救出された。女性が飲み代を安く徴収されることも、お金がないときはとてもありがたかったし、紅一点のマスコット扱いも話しかけられないよりよほど良いと思えた。知らない男性サーファーからフレンドリーに「気を付けてね」と話しかけられるのも、海でひとりぼっちの時はなんとなく楽しい気もした。しかし、これらの記憶は自分の中にいつまでももやもやとしたものとして残り、経験値や経験年数が上がってくるにつれて、そのうちのいくつかは腹立たしい記憶にもなった。

また多くの研究が指摘していたように、サーファー文化には強烈なセクシズム、セクシュアル・ハラスメント、女性のモノ化、メディアのサーフポルノやスコポフィリア（窃視症）、異性愛主義があった。私が経験したサーフィン文化もよく似た傾向がみられた。こうしたものを改善していくには、モノ化されない女性の可視化、セクシャライズされない女性の可視化というものを、文化内において進めていかなければならない。もしサーフィンが競技性を高め、よりメジャーなスポーツになることを目指すのであれば、組織化されたスポーツが従うルールを整備する、例えばオリンピック憲章のようにあらゆる差別を禁止する方向に舵を切るべきだし、メディア表現も改めていくべきだろう。

サーフィンと性差別については、まだ十分に研究されているとはいえないが、少しずつ蓄積されつつある。他方で、ほとんど描かれておらず、本書が焦点を当てているのが、女性たちの中にある分断や抑圧である。リサハンターは、サーファー文化がハワイの女性サーファーと男性サーファーを周縁化し、サーフィンが白人に収奪されていくことを「ホワイトヘゲモニー」として指摘していたし、「有色女性」のサーフィン経験についてもいくつかの研究が触れてはいた。しかしひとつのショップやグループ、日々顔を合わせる人々の日常の中にある女性同士の抑圧については十分主題化されてきたとは言えない。

ショップや地域の中にある男同士のホモソーシャリティのなかで、「良いサーファー」モデルを内面化した女性サーファーが別の女性を差異化して、自らの正統性を表現する戦略は、本書が第5章で示したものである。その戦略は主に二種類あり、サーフボードの種類選択のジェンダー化とかかわりながら、ショートボードを頂点に序列化している場合と、参加のコア性（ローカルかどうか）を利用した排除の場合である。女性同士としてつながることは難しく、お互いに嫌いあったり、陰口を言ったり、あからさまに威嚇したりなどがあった。

これらのことからわかることは、サーフィン文化のジェンダー分析は、単に男性中心主義を批判するだけにとどまらず、女性の経験を主題化すること、特に周縁化された女性の声をとりあげること、そして周縁化された女性の経験も特権化せず批判的に分析する必要があるということである。マジョリティから反論しにくい力を受け、マイノリティは反論されにくい抵抗の方法を考えるのだが、その方法が別のマイノリティへの力の行使・濫用となる場合もある。

2　オルタナティブな身体文化

それではどうすればこうした限界をこえ、オルタナティブなサーフィン文化やサーフィン経験をつくっていくことができるのだろうか。オリーブはインタビューイーの一人の女性サーファーの語りに希望を見出していた。その女性は、差別や排除に直面しても「静かに落ち着いて」、そして「パドルで海に出て、サーフィンをし続ける」。その人はそれを「a big journey」と表現するのである。私はそれを、恩を売られる女性のサーファーとしてではなく、ひとりのサーファーになるための長い旅という意味だろうと考えた。このふるまいは、劇的な変化はおこさないだろう。しかしオリーブは、「反論しにくい文化的な力について考える」〔Olive et al. 2015: 273〕ということは、「反論しにくい抵抗の方法を考える」ことだとしこの行為にポテンシャルを見出していた。

私自身が経験した「a big journey」も、確かに海に出てパドルし続ける、サーフィンをし続ける、とにかく何があっても続ける、という点では同じだった。しかしそれは孤独な一人きりの闘いではなく、多くの女性たちによるサーフフェミニズムの実践によって支えられていたし、それを支持する多くの男性たちによっても可能になっていた。

改めて、後半のキーワードであった、サーフフェミニズムについて振り返って考えてみたい。サーフフェミニズムは、コマーが *Surfer Girls in the New World Order* で提案したサーフィンを通じたフェミニズム、サーフィンの中のフェミニズムであった。「フェミニスト・クリティカル・リージョナリズム」=「ガールローカリズム（girlocalizm）」とも言われる。これは地域性が無視され、大衆資本主義化したアメリカ帝国主義的なサーフィンが世界に拡大することを批判し、地域の実践を重んじる手法であった。欧米やオーストラリアなどのサーフィン先進地域以外で、女性が安心してサーフィンを楽しむ機会と時間と空間を女性サーファーが企画・提供していること、女性のエンパワメントとなっていることを評価する姿勢である。

本書後半で描いてきた私の失敗と挫折は、サーフィンからの離脱もありえるほどだった。アスリートの厳しい世界についていけず、旅をしても人に迷惑をかけて落ちこぼれ、少々大会に出るようになって楽しさも味わったが、引っ越しによってショップ迷子になり、私生活での変化・苦労とあいまって、サーフィンから遠ざかっていった。そんな時、手を差し伸べてくれたのは、多くの女性サーファーやオーシャンスポーツの愛好者たち、ゲイ、レズビアンなどのクィアなサーファーたち、そしてサーフィン研究者や活動家たちだった。彼女ら／彼らは、多様性を尊重し、自然と平和を愛し、心が動く経験を共有すること、友情をはぐくむことを喜びとする人たちだった。特に二つのイベント、サーフィン・ソーシャル・フイとバタフライエフェクトを取り上げ、男性中心主義、競技中心主義、性差別主義、異性愛中心主義によらないスポーツ文化、身体文化の可能性について模索してきた。

こうしたオルタナティブな身体文化の実践は、それぞれのスポーツとのつきあい方を肯定し、励まし、一生涯愛するスポーツを続ける未来を描くことを可能にする。競技で自分の力試しをしたり、実力を向上させるための機会にしたりすることを一概に否定するのではない。私には合わなかったし、チャンスがなかっただけで、目標をもって努力をすること、競うことで刺激を得ること、互いに切磋琢磨する喜び、達成感などは、わずかながらも経験させてもらうことができた。しかし、競技に参加し続けられる人は、ほんのごく一部の恵まれた人であることも事実だ。どんな身体を持つ人でも、どんな社会経済的な状況にある人でも、望むスポーツを行うことができるような環境や制度を整えることが必要である。現在、サーフキャンプやサーフリトリートの形式のツアーが増えているのは、サーフィンを愛する人の裾野が広がったこと、あるいはまたサーフィンとのかかわりに選択肢が増えてきたことを示唆している。

私たちが思い浮かべるサーフィンが、実は近代的なアメリカ帝国主義的なサーフィンという、非常に狭い範囲で解釈したサーフィンであることが次々と明らかにされていくなかで、サーフィンの解釈はこのような限界にとどまる必要がなく、より自由で、より新しい方向に発展していく可能性があるということに、多くのサーファーたちが気づき始めたのかもしれない。サーフィンはもともと、海があるところであればどこでも、どんな道具（や木の切れ端）を使ってでも、楽しまれてきた。波に乗る楽しさ、その原点に立ち返ることで、私たちはサーフィンをもっと楽しむことができるだろうし、サーフィンの未来も開けていくのではないだろうか。

注

第1章

（1）https://huinalu.org/（二〇二〇年一月二九日参照）。

（2）その他、近年では日本をフィールドにしたサーフィン研究がいくつか存在する［小林 2013; 小林・西田・松本 2012a, 2012b; コノネンコ 2008］。

（3）國母は選手村の入村式および開会式に欠席を求められ、母校の東海大学は國母の言動に「誠に遺憾」であるとの見解を示し、応援会を中止した。衆議院予算委員会では自民党の下村博文議員が言及し、当時の文部科学省の川端達夫大臣は「代表の服装としては適切ではなく誠に遺憾」であると答弁している。また、國母にとってオリンピックは「特定の大会にこだわりはなく、スノーボード活動の一環」だった。二〇一〇年と二〇一一年の全米オープンを連覇し、X Games の出場なども続けた。その後、大手スポンサーのチームに所属し、競技にこだわらない活動を行いながら、バックカントリーのムービー撮影で数々の賞を受賞している。以下の記事を参照。SANSPO.COM「国母和宏氏、腰パン騒動に後悔なし『自分のスタイルほど大事なものはない』」2017.8.27.20:43 (https://www.sanspo.com/sports/news/20170827/ski17082720430007-n1.html 二〇二〇年一月八日参照)。デイリー「『腰パン』騒動の国母氏『カッコ良さを求めてきた人生』『後悔はない』」二〇一八年一二月一七日 (https://www.daily.co.jp/general/2018/12/17/0011911308.shtml 二〇二〇年一月八日参照)。

（4）ＮＳＡのホームページより。http://www.nsa-surf.org/about2016/history/（二〇二〇年一月二九日参照）。

（5）橋本玉泉、岡島慎二（2010）「日本の特別地域　特別編集：これでいいのか　神奈川県　湘南エリア」電子版、マイクロマガジン社（https://books.google.co.jp/books?id=keyXDQAAQBAJ&printsec=frontcover&dq=%E5%B2%A1%E5%B3%B6%E6%80%80%E6%A9%8B%E6%9C%AC&hl=en&sa=X&redir_esc=y&output=reader&pg=GBS.PA140　二〇二〇年一月七日参照）。

（6）総務省平成二三年社会生活基本調査「第39表　男女、年齢、スポーツの種類（その他の主な内訳）別行動者数および行動者率」（http://www.e-stat.go.jp/SG1/estat/List.do?bid=000001039113　二〇一五年三月一四日参照）。財団法人余暇開発センター『レジャー白書』一九九六年、二〇〇五年、二〇〇七年、二〇一四年より抜粋。

（7）ボディボードの日本における受容とジェンダーの分析については、拙稿［Mizuno 2018］を参照されたい。

（8）キャンペーンのサイトは以下の通り。https://www.change.org/p/roxy-stop-your-all-sex-no-surf-ads（二〇一九年一二月二三日参照）。当該のＣＭ動画は以下のサイトで閲覧できる。抗議を受けてもロキシー社は削除していない。Roxy Pro Biarritz 2013 Official Teaser - #WhoAmIJustGuess（https://www.youtube.com/watch?v=GCji6TiJjbE　二〇二〇年一月二七日参照）。

（9）二〇一八年九月五日に、ＷＳＬはＷＳＬが管理する全ての協議会において、二〇一九年より男女の賞金額を同額にすると発表した（http://www.worldsurfleague.com/posts/345569/the-world-surf-league-wsl-announces-prize-money-equality　二〇二〇年一月二九日参照）。

（10）http://artscape.jp/artword/index.php/クリティカル・リージョナリズム（二〇二〇年二月七日参照）。

（11）リトリートは、退却、避難（所）、修養会等の意味で、サーフィンを通じた旅や滞在をすることを意味し、日常生活を離れ、リフレッシュすることを目的としている。

(12) これまでに言ってなかったことを打ち明けること。ここでは自分のセクシュアリティについて話すことを指す。
(13) サーフレイジに関しては、暴行被害の経験が書かれた本が参考になる［Young 2000］。
(14) オリーブの研究から思い返されるのは、問題に名前がつくことの効果である。例えばセクシュアル・ハラスメントがそうである。職場で多くの女性が感じるもやもやとした思い、そんなものだと思って無視をしている、むしろそんなものくらいうまくやり過ごせないと一人前ではないと言われた性的な嫌がらせは、セクシュアル・ハラスメントと名付けられたことで問題が可視化し、それを防ぐ法やルールが整備されるようになった。

第2章
(1) 中谷が引用している加藤論文は以下の通り。加藤秀一、『性現象論』、勁草書房、一九九八年、三〇六頁。
(2) ノートは繰り返し同じものが購入でき、手軽に持ち運びができるものとして、キャンパスノートのB中横罫（6㎜×28行）三〇枚（ノ－１０３B）を用いた。一九九五年四月から二〇〇一年八月まで計一三冊記録した。海外渡航は、ヘビーユースに耐えるよう、表紙のしっかりした別のノートを用い、計四冊に記録した。
(3) 現在はすでに存在せず、プリントアウトしたブログ記事を保管している。
(4) 所有していた個人ホームページの記事で、現在は存在しないので、プリントアウトした記事を保管している。

第3章
(1) ウエットスーツ／ウエットスーツ（wet suits）は、「ウエット」あるいは「ウェット」と略して表記されることがある。略記されたときの発音は、イントネーションが「エ」の部分にあり、「ウ」と「エ」はそれぞれ独立して音声化されるので、その点が表れるように「ウエット」とした。

(2) ライターの富山英輔は、サーファーにとっての初めてサーフィンの経験をこう表現している。「何がなんだかわからないまま、その日は結局一度もボードの上に立ち上がることは出来ないまま家路につく。サーフィンは想像していたものとほど遠く、カッコ悪いことばかり」[富山 1997: 50]。「多くの若者たちが、一度はサーフィンにトライする。サーフィンの持つイメージや、ファッションに憧れ、サーフボードを手に入れて、何もわからないままに海へ出かけていく。しかし、実際にやってみると、カッコいいイメージとはほど遠い世界。まずはボードに腹ばいになって沖に出ることすらままならないし、たとえ沖に出られたとして、ボードの上に座って波を待とうにも、すぐにコロッと転んでしまう。運良く自分のところに波がやってきたとしても、ボードもろとも波に突き刺さり、立ち上がるどころの騒ぎじゃない。おまけに海のなかの上手い人たちは、なんだか恐い……」[同書: 50-51]。

(3) 国土交通省の発行する『国土交通白書二〇一三』によると、若者の運転免許の保有率は、一九九六年当時で全国平均は二〇歳未満で一七・七%、二〇―二九歳で八五・六%と高い水準にある。三〇歳未満の単身勤労世帯の自動車普及率は、男女別に見ると、一九九九年では男性六三・一%、女性四二・七%と、男女で異なる傾向を示している。「国土交通白書二〇一三　第二章若者の暮らしにおける変化　第三節　動き方の変化　(2) 自動車利用の動向」http://www.mlit.go.jp/hakusyo/mlit/h24/hakusho/h25/index.html (二〇一八年一〇月一五日参照)。

第4章

(1) スキーのサークルの研究でも年齢・所属年数・技術に応じてヒエラルヒーがあることがわかっている [宇部

1995]。

（2）サーファーの中には、ポイント（サーフィンをする場所）の近くに居住するローカルと呼ばれる人々がいる。ポイントの中には「ローカルがきつい」と言われるところがあり、つてもなしに訪れることは禁止されている場合がある。実際、常にローカルがいる場所では、強制的に禁止されなくても、技術レベルの高い、あるいは年長のローカルたちが全ての波に乗ってしまうので、結果としてビジターは波に乗れなくなる。他にもサーファーの中にはさまざまな暗黙の秩序があり、これを知らないで犯すと、非常に厳しい制裁が加えられることがある。

（3）イギリスのポピュラー文化研究者ジョン・フィスクは特にサーファー文化は「露骨な男性優位主義」に満ちており、サーフィンの持つ反体制的な性格はこのことにより腰砕けになっていると、批判に満ちた分析をしている。「たいていの若者文化が持っている性差別的な傾向に注意を払っておくのはむだではあるまい。若者文化の内部ではおおかた男性の行動と女性の行動ははっきりと区別されていて、男性は行動的で優位な立場にあり、女性は受身的で従属的な立場におかれている。バンやバイク、サーフボードは昔から男の乗り物と決まっており、大きさやテクニック、装飾は男たちの序列を表すものである」[Fisk 1991=1998: 98]。

（4）フィスクは次のように言う。「サーファーにとっての女性は、いっしょに乗せてもらうか見物人でいるほかはなく、また男たちにとってそういう女たちはいち早くモノにし、自分の女にしてこれ見よがしに連れて歩いてみせるべき獲物なのである。サーファーの文章でも、波を征服することと女をモノにすることが重なったり混ざり合ったりしていることが多い……昼、獲物を仕留めよ。夜、獲物をしとめよ」[Fisk 1991=1998: 98]。

（5）ライズシステム、*Beach Combing*（1995-2006）.

（6）映画『ブルー・ジュース』は、一九九五年に公開されたイギリス映画で、監督はカール・プレジェザー、出演はショーン・パトウィー、キャサリン・ゼタ・ジョーンズ他。海をこよなく愛し、サーフィンのこの上ない魅力に取り付かれている主人公は、肉体的な衰えや結婚を迫る恋人との関係に悩む。仲間づきあいとサーフィンに明け暮れる三〇歳を目前にした主人公の決断の時を描く映画。

(7) 映画『ハートブルー』は、一九九一年に公開されたアメリカ映画で、キャスリン・ビグロー監督、キアヌ・リーブス、パトリック・スウェイジ他出演。物語の舞台はカリフォルニアのベニス・ビーチ。サーファーが絡んだ連続強盗事件に、FBI検査官が自らサーファーとなって潜入捜査を試みる。

(8) レストラン文化のエスノグラフィーで、厨房におけるコックの世界を描いたファインは、厨房をジョークの共和国であるとして、そのジョークの分類や意味の分析をしている[Fine 1996]。組織文化はユーモアの表現と結びついていることが多く、ユーモアを交えた言説は、組織の構築にとって重要であるという。実際、ジョークは厨房の仕事の楽しみの半分を占めると語ったコックもいた。コック達のジョークは、悪ふざけ、からかい、いたずらという三種類である。食べ物やナイフで悪ふざけをして緊張をほぐしたり退屈から逃れ、からかうことでコミュニティのしるしや仲間意識を確認し、いたずらで優越感という社会的意味を伝達する。ファインはヒューズ(1972)の次の言葉を引用している。「規則のなかで最も重要な問題の主題は、本当の同僚を認める基準、安全なのは誰かということを決定する基準、誰に対して距離を取るべきなのかという基準をうち立てることである」。ファインはヒューズの説をコック達の冗談の応酬に適用して、からかいや悪ふざけなどを受け取る側の反応が試されていると考えた。つまり、その冗談がうまくかわせたり、また冗談を返すことができ、共に楽しむことができれば、コミュニティの本当の一員、友人として認められるのである。ファインの観察したレストランでは、内気で「女らしい」女性コックがこのからかいに耐えることができず、退職に追い込まれてしまった。

第5章

（1）http://www.surf-nsa.net/（二〇〇五年二月七日参照）。過去ランキングデータにつき、二〇二〇年二月現在では閲覧不可。

（2）これはスポーツ・コミュニティのみにみられる現象ではなく、企業社会においても「妻の内助の功」は、夫の人間関係の潤滑油として機能し、妻は周縁でありながら企業社会の一員とされているのに対し、夫が妻の地位を高めるために妻の会社の人たちとの間に入ることは一般的ではない。

（3）サーファーで俳優の真木蔵人は、ある雑誌のインタビューで「人を信用するときのポイントは？」と問われ、こう語っている。「一番最初に見るのは、波乗りしてきたかどうか」……（略）……「男のライフの中で、サーフィン見つけてこない男って、あんまり信用いかないんですよね。とりあえず、価値観の違いだからそれは……わかるんですよ。半年でやめる気持ちも。すごいヘビーだから。最初の一年ぐらいは全然おもしろくないんだもん。でもそこに、コノヤローみたいな、自分への追求だから。それを乗りこえてやってくるっていうのは、俺は男だって認める」［富山 1997：189-190］。

第6章

（1）NSAの資格、サーフィン検定については、下記サイトを参照。https://www.nsa-surf.org/license/（二〇二〇年一月二七日参照）。

（2）「カラミティー・ボーイ」（疫病神）と名付けられた章にでてくる田中勇太という少年は、ハワイで居候をしながらサーフィンをして暮らしている。それほど重い決意もなく、ハワイでの生活に憧れてやってきたのだ。主人公は田中を「本当にドジな少年だった。おまけにとても不運だった。ドジと不運は重なり、混じり合い、どこまでがドジでどこからが不運なのかわからなかった」と評する。自ら災厄を招いているような奴ということで、居候先の主は田中少年をカラミティー・ボーイと呼ぶのである。頼まれた洗車の仕方もわからなくて、「生活の基本技術がみいついていない。ハワイイまで来てようやく学び始めたとも言えるし、先が思いやられるとも言える」と書かれている。あまりのドジさに「あなたはどういう家で育ったの」と主に問われ、日本にいるときは何でも母親がやってくれた、普通の家で育ったと答えるのであった。

（3）あるとき、私と似たような経験をし、共同生活を中断したサーファーがそっと自分の話を打ち明けてくれたことがある。話を聞いて、よくあることなのかなと少し安堵した。その人は特段ふだんの生活において「トラブル」を引き起こすようには見えず、むしろ優しい人に思えた。話を聞いていると、その人も私も、人に合わせるということが難しいのかなという気がした。

第7章

（1）http://www.solscape.co.nz/（二〇二〇年一月二九日参照）。

（2）http://betheeffect.com/（二〇二〇年一月二九日参照）。

（3）http://www.betheeffect.jp/（二〇二〇年一月二九日参照）。

（4）https://surfcity-miyazaki.jp/#section0（二〇二〇年一月二九日参照）。

（5）http://beachtown.co.jp/（二〇二〇年一月二九日参照）。

（6）Pe'ahi は「ピアヒ」と表記されたり、ＷＳＬでも英語で「ピアヒ」と発音されたりしているが、岡崎によると、ハワイ語の発音はペアヒのほうが近いのでペアヒと呼ぶと自身のフェイスブックで語っている。本書でもこれにならい、ペアヒと表記した。

(7) 投稿文は、岡崎の了解を得て掲載している。
(8) 日本でのバタフライイベントは、第一回が二〇一六年九月二―三日、第二回が二〇一七年八月一九―二〇日、第三回が二〇一八年九月二三―二四日に開催された。私は第三回のバタフライには体調不良のため参加できなかった。全三回はすべてサーフシティでの開催である。二〇一九年には開催されていない。

おわりに

自分にサーフィンを語る資格などあるのだろうか。博士論文を書き上げてから、本書の出版まで、何年もかかってしまったのは、主として私の遅筆によるものだが、この問いが重くのしかかっていたというのもある。どう見積もっても、私はサーフィンがうまい方ではない。サーフィンについての研究は、サーフィンの良さを広めるのが目的ではないので、この世界にある不都合な真実、差別や抑圧も書く。サーフィン文化の内部は、あまり知られていないばかりか、良くないイメージを持たれがちで、そうした世界の暗部を描くことは、裏切りになるのではないか。書くことでサーファーたちに迷惑をかけるかもしれない。自分が恥ずかしい思いをするかもしれない。言い訳の数々が思いつくが、要するに怖かったのだと思う。

ただその恐れは、単に恥をかきたくないという個人的な理由だけに由来するのではないと今では思っている。語る「資格がない」のではないかという恐れは、自分自身がサーフィンの世界の価値を強く内面化していたからだ。自分が「良いサーファー（白人、ヘテロセクシュアル、健康、男性、コアな参加者）」の基準、それによる序列を内面化し、かつ同時に自分が「良いサーファー」でないと考え、サーフィンについて語る資格などないと強く感じていたのである。自分の恐れやためらいをこのように明確に言語化できたのは、こうしてこのおわりにを書いている今になってからである。

先行研究を読むなかで、「良いサーファー」規範はサーフィン文化に内在する抑圧性であることを理解するようになった。そうか、自分は「最周縁」の立場にあるのだ。だったらマイノリティ中のマイノリティとして、その経験を書けばいいではないかと「開き直って」いった。だから、タイトルには、「女性」ということばも、「日本」ということばも、「ジェンダー」ということばも含めなかった。わざわざ限定したり、お断りを入れたり、自分の経験や声を矮小化する必要もない、遠慮をする必要などどこにもないと、タイトルを決める時点でやっと決心することができたのである。

ツイッターで次のようなツイートを見かけた。

> Writers from a minority, write as if you are the majority. Do not explain. Do not cater. Do not translate. Do not apologize. Assume everyone knows what you are talking about, as the majority does. Write with all the privileges of the majority, but with the humility of a minority.（二〇一九年二月二八日午前一時二分）

ベトナム系アメリカ人の小説家で、南カリフォルニア大学で教鞭を執るヴィエット・タン・グエンのことばである。訳するなら、マイノリティの執筆者たちは、マジョリティのように書くべきで、迎合する必要も、説明をする必要も、翻訳をする必要も、謝る必要もない。マジョリティがするように、皆が自分の言うことを理解できる前提で話し、マジョリティの特権を持ちつつ、同時にマイノリティの謙虚さを持って書きなさい、というところだろうか。グエンの言うことをサーフィンに例えるなら、サーフィンの世界でマイノリティである私は、マジョリティに気を使って言い訳をする必要などない、謙虚に自分の経験を書いてもいいということになる。

それでもやはり、自分を育ててくれたコミュニティのサーファーたちに、迷惑をかけるのではないかと思った。過ぎたことをもう一度蒸し返し、他の人の声や解釈を十分には紹介できずに自分の声だけを示さざるを得ない箇所もあったと反省している。そうした限界に理解を示し、ここに書くことを受け止めてくれた人たちの寛容さが、この本の出版を可能にしてくれた。


「ただ波に乗る　Just Surf」というタイトルは、はじめにでも書いたように、サーフィンに夢中でただサーフィンがしたいというサーファーの気持ちを込めてつけた。しかしながら、ただサーフィンがしたいにもかかわらず、ただサーフィンをするということは意外に難しかった。セックス、ジェンダー、エスニシティ、出身地等、自分では変えようのないものでカテゴライズされたり、困難に直面したりした。それでもサーファーはサーフィンをする。ただ波に乗りたいからだ。

また、英語の「Just Surf」を併記したのは、ただサーフィンがしたいという思いに加え、差別や抑圧のないサーフィン文化をつくっていきたいという思いを込めている。Justには、「ただ」とか、「ちょうど」という意味と、「正しい」とか「公正な」という意味がある。このアイデアは私のサーフィン研究仲間である和歌山大学のアダム・ドーリング先生のご報告からインスパイアされた。ドーリング先生は、日本スポーツ社会学会の関西研究セミナーでご講演くださり、サーフィンにスピリチュアルな意味づけがされがちなこと（自然と一体化する等）に異議を唱え、サーファーはそんな風に思ってサーフィンをしているのではない、「Just Surf（ただサーフィンをする）」のだとおっしゃった。その時私は、本書のタイトルを「波に乗る」「ただ波に乗る」の候補のあいだで迷っていたが、ドーリング先生の一言を聞き、「ただ波に乗る Just Surf」と英語も併記することに決めた。研究会後にドーリング先生にその話をすると、Just という語の意味には「公正な」という意味もあるのでぴったりではないかとおっしゃってくださった。意図せざる偶然に驚き、そしてとてもうれしかった。日本でサーフィン研究を続けている貴重な仲間として、互いに理解しあえる話も多く、いつも励まされていることにお礼を申し上げたい。

*

本書は、博士論文と以下の論文をもとに、大幅に加筆・修正を加えまとめたものである。

水野英莉、「スポーツと下位文化についての一考察――X・サーフ・ショップにみられる『男性文化』――」、『京都社会学年報』、一〇、二〇〇二年、三五―六〇頁。

水野英莉、「スポーツする日常にある性差別――サーファー・コミュニティへのフィールドワークから――」、好井裕明編、『繋がりと排除の社会学』、明石書店、二〇〇五年、二二五―二六三頁。

水野英莉、「女性サーファーをめぐる『スポーツ経験とジェンダー』の一考察――『男性占有』の領域における居場所の確保――」（研究ノート）、『ソシオロジ』、一五四、二〇〇五年、一二一―一三八頁。

水野英莉、「スポーツと寛容性――サーフィン共同体におけるジェンダーとローカリズム――」、芦名定道編、『多元的世界における寛容と公共性――東アジアの視点から――』、晃洋書房、二〇〇七年、一九八―二一四頁。
水野英莉、「ライフスタイル・スポーツとジェンダー――日本・アメリカ・オーストラリアにおけるサーフィン選手の経験と女性間の差異――」、『スポーツとジェンダー研究』、八、二〇一〇年、四―一七頁。
水野英莉、「日本におけるサーフィンをする女性の五〇年（1）――一九九〇年代以降のサーフィン文化とジェンダー公平――」、『流通科学論集――人間・社会・自然編――』、二八（二）、二〇一五年、五三―七六頁。

*

本書を書き上げるまで、多くの人の助けをいただきました。サーフィンと研究を支えてくださったみなさまに、心より感謝申し上げます。

私のサーフィンライフはレノックスのオーナー遠野さんと、メンバーのみなさんにお会いしたことで始まりました。サーフィンを始めて人生が変わりました。そんな機会を与えてくださったみなさんには、ことばでは言い尽くせないぐらい感謝しています。特に北野くんは、ショップで慣れないアルバイトをする私を気にかけ、仕事帰りに寄ってくれたり、閉店後にラーメンを食べに連れて行ったりしてくれました。友人のマキは、一緒にボディボードをしたり、お酒を飲んだり、笑ったり、けんかしたり、楽しい時間を過ごしてくれました。二人とも残念ながらすでに故人ですが、かけがえのない時間を共有してくれたことを、決して忘れません。レノックスのみなさん、本当にありがとうございます。

関西圏への引っ越し後、私とサーフィンをする多くの時間を過ごしてくれたのは、ルミ子さんと元夫です。レノックスから切り離されたことで、どのようにしてサーフィンを続けていっていいかわからなくなったとき、二人はいつも活力を与えてくれました。新しいサーフポイント、新しい友人たち、新しいスキル、サーフィンのあらゆる新しい扉を開くきっかけは、二人が私に授けてくれたものです。

また、ルミ子さんはプロサーファーの澤田さんを紹介してくれました。澤田さんとの時間は今の私にとって、間違いなく宝物です。海外に一人出て転戦し、腕を磨き、ネットワークを築いていた澤田さんは、女性のみならず日本のサーファーたちにとってのボーダー／壁を、間違いなく押し広げた偉大なアスリートです。澤田さんにもこの場を借りて、感謝申し上げたいと思います。サーフィンのコアな部分に少し触れることができたのは、澤田さんやルミ子さんのような先輩、メンターがいなければ決して可能ではありませんでした。私に余裕がなく、未熟さゆえ弱さを認められなかったときにも、つかずはなれずいてくださったことも感謝しています。これからも海でまた楽しい時間を共有できればうれしいです。

さらに新しいサーフィンのステージへと導いてくれたのは、第一回バタフライエフェクトのオーガナイザーである岡崎友子さん、そして間屋口香さんです。彼女たちは一流のアスリートとしての戦歴をもつ、クリエイティブでスタイリッシュなウォーターパーソンです。現在は世界中への旅を通し、私たちにサーフィンを始めとするオーシャンスポーツやスノーボードのすばらしさ、環境への意識、平和、世界中の人々との交流について考える機会を与えてくれています。二人はイベントを通じて、豊富な経験を惜しみなくシェアしてくださり、これまで女性サーファーたちがあまり見ることができなかった世界に連れていってくれました。サーフィンやスノーボードがますます好きになりました。本当にありがとうございます。新しい時代をひっぱるお二人の今後のご活躍に、大いに期待しています。

そしてもう一人、サーフィンにクィアな視点を持ち込むことを教えてくれたのは、サーフィン・ソーシャル・フイのオーガナイザーであるリサハンターです。マイノリティへの敬意と配慮、対等な立場に立つということを実現した学会に参加できたことは、大変な幸せでした。この経験を日本でも展開していくことが私の務めだと思っています。パートナーのエルキーにも、あたたかい友情に心から感謝しています。

そして研究面でも多くの方のお世話になりました。大学院修士課程に進学したとき、木村英憲先生（愛知学院大学）のおかげで社会学のおもしろさに目覚め、研究者になりたいと思うようになりました。毎週のように先生のご自宅で開かれた自主ゼミでは、他大学の学生・院生も集まり、何時間も議論をし続け、テーマを掘り下げていくことを学びました。自分ですら自分を信じることができなかった若い頃、先生だけは学生たちを信じて導いてくださいました。その後の大学院浪人や、就職浪人時など、研究が困難な時期も少なからずありましたが、不器用な自分がこうしてやってこられたのは、この原点があるからです。

京都大学で二度目の修士課程に入学し、社会学を専門とした研究生活を始めることができました。寶月誠先生は、なかなかアカデミックな論文が書けない私を、いつも穏やかに見守ってくださいました。ゼミで先生が紹介される数々のシカゴ学派社会学のフィールド調査や逸脱研究は、大変な魅力にあふれていました。社会学の質的研究の基礎を先生のもとで学ぶことができたのは、限りなく幸せであったと思っています。

社会学研究室では、井上俊先生にも社会学の基礎体力をつけていただく機会をいただきました。日本スポーツ社会学会においても初代会長としてご指導を賜りました。寶月先生のご退官後、伊藤公雄先生には本書のもとになった博士論文の主査として、松田素二先生、落合恵美子先生には副査としてご指導を頂戴する幸運に恵まれました。すべてのみなさまのお名前はあげることができませんが、京大社会学研究室でご一緒させていただいた方々に、深く感謝を申し上げます。

スポーツとジェンダーの研究においては、日本スポーツとジェンダー学会のみなさまに、長い間ご指導ご助言をいただいています。いかにも頼りない怪しい院生だった頃のことは笑い話としてお許しいただいていると思いますが、大変辛抱強く見守って育てていただきました。なかでも來田享子先生（中京大学）には、テニュアをいったん辞めて関西に戻ったとき、中京大学体育研究所での準研究員（現、特任研究員）としての所属をご推薦いただき、研究の継続を励ましていただきました。お世話になった学会員の方々のお名前をすべてあげることはできませんが、心より感謝申し上げます。

カバーの写真は、フォトグラファー、サーファーでもあるAtsuko Sekiguchiさんからご提供いただきました。美しい写真と、そこに込められたサーフィンへの思いとストーリーに、共感し、感動しています。また美しい海で、波をシェアできる日を楽しみにしています。ありがとうございます。バタフライエフェクトで出会ったみなさんにも、再会できるのを楽しみに待っています。美味しいお酒を飲みながら語りあいましょう。

そしてこの本が出版できたのは、晃洋書房の阪口幸祐さんのご尽力の賜物です。なかなか筆の進まない私を粘り強く励ましてくださり、最初の読者として、忌憚なきご意見と愛溢れるコメントをくださいました。そしてたくさんのご迷惑とご心配をおかけしました。厚く御礼申し上げます。また、出版にあたって、流通科学大学教育研究費研究成果出版助成費の交付をいただきました。記して感謝申し上げます。

最後に、本書の出版を待たずこの世を去った母 裕子と父 明に感謝を。まだ国交が断絶した状態のなか、父が中国から日本への留学を決めなければ、そして母が父との結婚を決めなければ、私は産まれていませんでした。苦労して姉妹に教育を受けさせてくれました。英語やテニスが得意な五つ年上の姉は、いつも私の憧れでした。共働きの両親が留守がちな中、小さな母親として私を守ってくれてありがとう。最愛の猫ミーとムー、ポンとミケは、キーボードや資料の上に座って執筆を見守ってくれました。四匹にも感謝をしたいと思います。

二〇二〇年一月 暖冬の神戸にて

水野英莉

《著者紹介》

水 野 英 莉（みずの　えり）

1971年生まれ。

京都大学大学院文学研究科博士課程単位取得認定退学、博士（文学）。

専攻は社会学、ジェンダー・スタディーズ。

現在、流通科学大学人間社会学部准教授。

共著に *Surfing, sex, genders and sexualities*（Routledge 2018）、

『身体・性・生――個人の尊重とジェンダー――』（尚学社、2012年）など。

ただ波に乗る　Just Surf
サーフィンのエスノグラフィー

2020年3月30日　初版第1刷発行
2021年12月15日　初版第2刷発行

著　者　水野英莉©
発行者　萩原淳平
印刷者　田中雅博

発行所　株式会社　晃洋書房
京都市右京区西院北矢掛町7番地
電話　075(312)0788(代)
振替口座　01040-6-32280

印刷・製本　創栄図書印刷㈱
カバー写真撮影　Atsuko Sekiguchi
装幀　HON DESIGN（小守 いつみ）

ISBN978-4-7710-3356-6

参考文献

Adams, T. E., Jones, S. L. H. & Ellis, C. 2015. *Autoethnography.* Oxford University Press.

Anderson, J. 2015. On being shaped by surfing: experiencing the world of the littoral zone. Brown, M. & Humberstonc, B. (eds.) *Seascapes: shaped by the sea.* Ashgate.

朝日新聞「父親不在 その2」『どうするあなたなら…』1999年4月22日朝刊・社会面.

Aversa, A. Jr. 1990. When Blue Collars and White Collars Meet at Play: The Case of the Yacht Club. *Qualitative Sociology,* 13(1), 63-83.

『BB Life Magazine』, 1995 No.2; 1996 No.2; 1997 No.2; 1998 No.1-2, 山海堂.

『BB お稽古マガジン』, 1994. 月刊サーフィンライフ 1994年11月号別冊, マリン企画.

『BEACH COMBING Surf Patrol Magazine』, 1995-2006, ライズシステム.

『Beach Girls : The Ladies Surfin' Lifestyle Magazine』, 2003年3月号, 2004年6月16号, 枻出版社.

Behar, R. 1996. *The Vulnerable Observer: anthropology that breaks your heart.* Beacon Press.

Behar, R. & Gordon, A. 1995. *Women Writing Culture.* University of California Press.

Birrell, S. & Cole, C. L. 1994. *Women, Sports, and Culture.* Human Kinetics.

Blanchard, K. & Cheska, A. T. 1985. *The Anthropology of Sport: an introduction.* Bergin & Garvey Publishers. (2002. 大林太良・寒川恒夫訳, 『スポーツ人類学入門』, 大修館書店.)

Bolin, A. 1992. Flex appeal, food, and fat: competitive bodybuilding, gender, and diet, The Association for the Study of Play. *Play and Culture,* 5, 378-400.

Bolin, A. & Granskog, J. (eds.) 2003. *Athletic Intruders : ethnographic research on women, culture, and exercise.* State University of New York Press.

Booth, D. 2001. From bikinis to boadshorts: wahines and the paradoxes of surfing culture. *Journal of Sport History,* 28(1), 3-22.

Borden, I. 2001. Skateboarding, *Space, and the City: architecture and the body.* Berg. (2006. 齋藤雅子・中川美穂・矢部恒彦訳, 『スケートボーディング, 空間, 都市——身体と建築——』, 新曜社.)

Bruce, T. 2016. New rules for new times: sportswomen and media representation

in the third world. *Sex Roles*, 74, 361-376.

Bush, L. 2016. Creating our own lineup: identities and shared cultural norms of surfing women in a U.S. East coast community. *Journal of Contemporary Ethnography*, 45(3), 1-29.

Butler, J. 2004. *Precarious life: the powers of mourning and violence*. Verso. (2007. 本橋哲也訳,『生のあやうさ――哀悼と暴力の政治学――』, 以文社.)

Chase, L. 2008. *Surfing: women on the waves*. Gibbs Smith, Publisher.

Clifford, J. & Marcus, G. 1985. *Writing Culture: The Poetics and Politics of Ethnography*. University of California Press. (1996. 春日直樹ほか訳,『文化を書く』, 紀伊国屋書店.)

Comer, K. 2010. *Surfer girls in the new world order*. Duke University Press.

Comer, K. 2017. Surfeminism, critical regionalism, and public scholarship. Hough-snee, D. & Eastman, A. S. (eds.) *The critical surf studies reader*. Duke University press, 235-262.

Connell, R. 2005. *Masculinities*. 2nd ed. University of California Press.

Corbin, A. 1988. *Le Territoire du Vide: l'Occident et le desir du rivage (1750-1840)*. Editions Aubier-Montaigne. (1992. 福井和美訳,『海辺の誕生』, 藤原書店.)

Curry, T. J. 1991. Fraternal bonding in the locker room: a profeminist analysis of talk about competition and women. *Sociology of Sport Journal*, 8, 119-135.

『大地』2014. 54, 一般社団法人東北地質調査業協会, 49-54.

Diehm, R. & Armatas, C. 2004. Surfing: An avenue for socially acceptable risk-taking, satisfying needs for sensation seeking and experience seeking. *Personality and Individual Differences*, 36(3), 663-677.

Doring, A. 2018a. From he'e nalu to olympic sport: A century of surfing evolution. Hinch, T. & Higham, J. (eds.) *Sport Tourism Development*. 3rd ed. Channel View Publications, 200-203.

Doring, A. 2018b. Mobilising Stoke: A Genealogy of Surf Tourism Development in Miyazaki, Japan. *Tourism Planning & Development*, 15(1), 68-81.

Doring, A. 2019. Maintaining Masculinities in Japan's Transnational Surfscapes: Space, Place, and Gender. *Journal of Sport and Social Issues*, 43(5), 386-406.

Douglas, J. D. & Rasmussen, P. K. with Flanagan, C. A. 1977 *The Nude Beach*. Sage.

Dunning, E. & Malcolm, D. (eds.) 2003. *Sport : critical concepts in sociology*.

set (Vol. 1-4), Routledge.
ダニング，エリック 2004. 大平章訳，『問題としてのスポーツ――サッカー・暴力・文明化――』，法政大学出版局.（Dunning, E. 1999. *Sport matters : sociological studies of sport, violence and civilization.* Routledge.）
Emerson, R. M., Fretz, R. I. & Shaw, L. L. 1995. *Writing Ethnographic Fieldnotes.* The University of Chicago.（1998. 佐藤郁哉・好井裕明・山田富秋訳，『方法としてのフィールドノート――現地取材から物語作成まで――』，新曜社.）
Egerton, R. B. 1979. *Alone Together: social order on an urban beach.* The Regents of University California.（1993. 和波裕樹・和波雅子訳，『ビーチの社会学』，現代書館.）
江原由美子 2001.『ジェンダー秩序』，勁草書房.
Ellis, C. 2004. *The Ethnographic I: A Methodological Novel about Autoethnography.* ALTAMIRA PRESS.
Enslin, E. 1994. Beyond Writing : Feminist Practice and the Limitations of Ethnography. *Cultural Anthropology,* 9(4), 537-568.
Evers, C. 2006. How to surf. *Journal of Sport & Social Issues,* 30(3), 229-243.
Evers, C. 2009. The point: surfing, geography and a sensual life of men and masculinity on the Gold Coast, Australia. *Social & Cultural Geography,* 10 (8), 893-908.
Evers, C. & Doring, A. 2019. Lifestyle Sports in East Asia. *Journal of Sport and Social Issues,* 43(5), 386-406.
『Fine 1994.10; 1995.3-10；1996.2, 5, 7.15；1997.2.15; 1998.5, 9』，日之出出版.
Fine, G. 1996. *Kitchens: the culture of restaurant work.* University of California.
Fisk, J. 1991. *Reading the Popular.* Routledge.（1998. 山本雄二訳，『抵抗の快楽――ポピュラーカルチャーの記号論――』，世界思想社.）
Flipper, 1995 No.4-5; 1996 No.1-3: 1997 No.3; 1998 No.1-3; 2006 No.34; 2008 No.40，マリン企画.
Flow, 1996 春 No.3; 夏 No.4；1998 春 Vol.11，枻出版社.
Flyn, P. 1987. Waves of semiosis: surfing's iconic progression. *The American Journal of Semiotics,* 5(3), 397-418.
Ford, N. & Brown. D. 2006. *Surfing and social theory: experience, embodiment and narrative of the dream glide.* Routledge.
藤田結子 2013.「オートエスノグラフィ」，藤田結子・北村文編，『現代エスノグラフィー――新しいフィールドワークの理論と実践――』，新曜社，104-111.
福島智 2011.『盲ろう者として生きて――指点字によるコミュニケーションの復活

と再生――』，明石書店.
船津衛・宝月誠編 1995.『シンボリック相互作用論の世界』，恒星社厚生閣.
Gluck, S. B. & Patai, D.（eds.）1991. *Women's Word: the feminist practice of oral history.* Routledge.
ゴッフマン，アーヴィング 2000. 串田秀也訳，「フィールドワークについて」，好井裕明・桜井厚編，『フィールドワークの経験』，せりか書房，16-26.
Gordon, Deborah A. 1995. Border Work: Feminist Ethnography and the Dissemination of literacy. Behar R. & Gordon D. A.（eds.）*Women Writing Culture.* University of California Press, 373-389.
Guttman, A. 1987. *From Ritual to Record: The Nature of Modern Sports.* Colombia University Press.（1981. 清水哲男訳，『スポーツと現代アメリカ』，TBS ブリタニカ.）
Guttman, A. 1991. *Women's Sports: a history.* Columbia University Press.
Guttman, A. 1994. *Sports and Empires: Modern Sports and Cultural Imperialism.* Columbia University Pres.（1997. 谷川稔他訳，『スポーツと帝国――近代スポーツと文化帝国主義――』，昭和堂.）
Guttmann, A. & Thompson L. 2001. *Japanese Sports: a history.* University of Hawai'i Press.
Hall, Ann M. 1996. *Feminism and sporting bodies: essays on theory and practice.* Human Kinetics.（2001. 飯田貴子・吉川康夫監訳，『フェミニズム・スポーツ・身体』，世界思想社.）
羽田野慶子 2004.「〈身体的な男性優位〉はなぜ維持されるのか」，『教育社会学研究』，75，105-124.
Hargreaves, J. 1994. *Sporting Females: critical issues in the history and sociology of women's sports.* Routledge.
Hargreaves, J. & Anderson, E. 2014. *Routledge Handbook of Sport, Gender and Sexuality.* Routledge.
Hemmings, F. 1997. *The Soul of Surfing is Hawaiian.* Sports Enterprise.（1997. 金子ゆかり訳，『ハワイアンサーフストーリーズ』，椎出版社.）
Henderson, M. 2001. A Shifting Line Up: men, women, and Tracks surfing magazine. *Journal of Media and Cultural Studies,* 15(3), 319-332.
東理夫 1993.『デューク・カハナモク 幻の世界記録を泳いだ男』，メディアファクトリー.
Henderson, M. 2001. A Shifting line up: men, women, and Tracks surfing magazine. *Journal of Media and Cultural Studies,* 15(3), 319-332.
Heywood, L. 2008. Third-wave feminism, the global economy, and women's

surfing: sports as stealth feminism in girls' surf culture. Harris, A.（ed.）*Next wave cultures: feminism, subcultures, activism*. Routledge.
Ian, M. 1991. Abject to Object: women's bodybuilding. *Postmodern Culture*, 3（1）, 1-17.
飯田貴子・井谷恵子編著 2004.『スポーツ・ジェンダー学への招待』, 明石書店.
池澤夏樹 2004.『カイマナヒラの家』, 集英社.
井本由紀 2013.「オートエスノグラフィ」, 藤田結子・北村文編,『現代エスノグラフィー――新しいフィールドワークの理論と実践』, 新曜社.
稲垣正浩 1995.『スポーツの後近代――スポーツ文化はどこへ行くのか――』, 三省堂.
井上俊 2002.『スポーツと芸術の社会学』, 世界思想社.
井坂啓美 1990.『サーフィン――基礎テクニックと楽しみ方――』, 成美堂出版.
Ishiwata, E. 2002. Local Motions: Surfing and the Politics of Wave Sliding. *Cultural Values*, 6(3), 257-272.
Irwin, J. 1973. Surfing: The Natural History of an Urban Scene. *Urban Life and Culture* 1973, 2(2), 131-160.
井谷恵子・田原淳子・來田享子編著 2001.『女性スポーツ白書』, 大修館書店.
伊藤公雄 1993.『〈男らしさ〉のゆくえ――男性文化の文化社会学――』, 新曜社.
伊藤公雄 1998.「〈男らしさ〉と近代スポーツ――ジェンダー論の視点から――」, 日本スポーツ社会学会編,『変容する現代社会とスポーツ』, 世界思想社.
伊藤公雄 1999.「スポーツとジェンダー」, 井上俊・亀井佳明編,『スポーツ文化を学ぶ人のために』, 世界思想社, 114-129.
伊藤公雄 2001.「スポーツ教育とジェンダー」, 杉本厚夫編,『体育教育を学ぶ人のために』, 世界思想社.
伊藤公雄 2001.「オリンピックの政治性――スポーツは,『境界』を越えることができるか――」, 樺山紘一ほか編,『20 世紀の定義 4　越境と難民の世紀』, 岩波書店, 241-279.
Jaggard, E. 1997. Chameleons in the surf. *Journal of Australian Studies,* 53, 183-191.
亀井好恵 2000.『女子プロレス民俗誌――物語のはじまり――』, 雄山閣出版.
亀山佳明編 1990.『スポーツの社会学』, 世界思想社.
亀山佳明 1998.「スポーツと日常生活にみる滑走感覚」, 井上俊編,『新版 現代文化を学ぶ人のために』, 世界思想社, 254-277.
神崎浩 1987.「ジャック・ロンドン『ハワイのサーフィンを習う』」,『調布学園女子短期大学紀要』, 20, 1-14.
片岡義男 1986.『波乗りの島――ブルー・パシフィック・ストーリーズ――』, 角川

書店.
片岡義男 1991.『彼は海に向かう』，東京書籍.
片岡義男 1995.『波と風のグッドニュース』，マリン企画.
春日キスヨ 1995.「フェミニスト・エスノグラフの方法」，井上俊ほか編，『岩波講座　現代社会学 11　ジェンダーの社会学』，岩波書店，169-187.
河原和枝 1999.「スポーツ・ヒロイン」，井上俊・亀井佳明編，『スポーツ文化を学ぶ人のために』，世界思想社，132-149.
川橋範子 1997.「フェミニストエスノグラフィーの限界と可能性――女による女についての女のための民族誌？――」，『社会人類学年報』，23，55-85.
川橋範子・黒木雅子編 2004.『混在するめぐみ――ポストコロニアル時代の宗教とフェミニズム――』，人文書院.
北村文 2006.「女が女を語るとき，女が女に語るとき――フェミニスト・エスノグラフィーの(不)可能性――」，『ジェンダー研究』，(9)，3-26.
北村文 2009.『日本女性はどこにいるのか――イメージとアイデンティティの政治――』，勁草書房.
北村文 2013.「自己再帰性」，藤田結子・北村文編，『現代エスノグラフィー――新しいフィールドワークの理論と実践――』，新曜社.
Klein, A. 1993. *Little Big Men: bodybuilding subculture and Gender Construction.* State University of New York Press.
小林勝法 2013.「鵠沼海岸でのサーフィンの発祥前史」，『文教大学国際学部紀要』，23(2)，1-11.
小林勝法・西田亮介・松本秀夫 2012a.「茅ヶ崎市のサーフィン関連産業の発祥と推移(研究ノート)」，『湘南フォーラム：文教大学湘南総合研究所紀要』，16，107-118.
小林勝法・西田亮介・松本秀夫 2012b.「新島におけるサーフィンによる観光誘致の経緯」，『文教大学国際学部紀要』，22(2)，13-24.
小橋模子 1996.「フェミニスト・エスノグラフィーを考える――調査者と調査参加者の対等な関係をめざして――」，『女性学年報』，(17)，130-137.
コフマン，ジャンクロード 2000. 藤田真理子訳，『女の身体，男の視線――浜辺とトップレスの社会学――』，新評論.
小長谷悠紀 2005.「日本におけるサーフィンの受容過程」，立教大学観光学部『立教大学観光学研究紀要』，7，1-16.
小長谷悠紀 2009.「サーフィン 文化の形成と空間というメディア」，神田孝治編著『レジャーの空間――諸相とアプローチ――』，ナカニシヤ出版，59-67.
コノネンコ，アレクセイ 2008.「現在社会におけるサーフィン文化の位置づけと潜在能力――サーフィン文化の研究の論理的なフレームワークとその可能性――」，

『東北福祉大学研究紀要』，32，153-169.
Koishihara, M. 2009. *Sports culture. Modern Japanese culture.* Cambridge University Press, 317-335.
小森真樹 2011.「若者雑誌と1970年代日本における『アメリカナイゼーション』の変容――『宝島』，『Made in U.S.A. catalog』，『ポパイ』，『ブルータス』を事例に――」，『出版研究』，42，47-68.
Lawler, K. 2011. *The American surfer: radical culture and capitalism.* Routledge.
Laderman, S. 2014. *Empire in waves: a political history of surfing.* University of California press.
lisahunter 2017. Desexing surfing?（queer）pedagogies of possibility. *The Critical Surf Studies Reader.* Duke University Press, 263-283.
lisahunter（ed.）2018. *Surfing, Sex, Genders and Sexualities.* Routledge.
Maanen, V. J. 1998. *Tales of the Field: On Writing Ethnography.* The University of Chicago.（1999. 森川渉訳，『フィールドワークの物語――エスノグラフィーの文章作法――』，現代書館.）
Mansfield, R. 2009. *The surfing tribe: a history of surfing in Britain.* Orca publications.
松田素二 1995.「人類学における個人，自己，人生」，米山俊直編，『現代人類学を学ぶ人のために』，世界思想社，186-204.
松田素二 1996.「『人類学の危機』と戦術的リアリズムの可能性」，『社会人類学年報』，22，弘文堂，23-48.
松田素二 1996.『都市を飼い慣らす――アフリカの都市人類学――』，河出書房新社.
松田素二 1998.「フィールドワークをしよう・民族誌を書こう」，船曳建夫編，『文化人類学のすすめ』，筑摩書房，152-170.
松田素二 2001.「文化／人類学――文化解体を超えて――」，杉島敬志編『人類学的実践の再構築――ポストコロニアル転回以後――』，世界思想社，123-151.
松田素二 2003.「フィールド調査法の窮状を超えて」，『社会学評論』，53(4)，499-515.
McRobbie, A. 1987. Working class girls and the cultures of femininity. *Women Take Issue: aspects of women's subordination.* Hutchinson, 96-108.
McRobbie, A. & Garber, J. 1976. Girls and Subcultures. Hall, S. & Jefferson T.（eds.）*Resistance through Rituals: youth subcultures in post-war Britain.* Hutchinson, 209-222.
McQueeney, K. 2013. Doing Ethnography in a Sexist World: A Response to "The Feminist Ethnographer's Dilemma". *Journal of Contemporary Ethnography,* 42(4), 451-459.

マンツェンライター，ウォルフラム 2013.「壁を登る——日本のスポーツサブカルチャーにおける覇権的男性性の解体——」，サビーネ・フリューシュトックほか編，『日本人の「男らしさ」——サムライからオタクまで「男性性」の変遷を追う——』，明石書店，204-227.

Messner, M. A. 1992. *Power at Play: sports and the problem of masculinity.* Beacon press.

Messner, M. A. & Sabo, D. F. 1994. *Sex, Violence and Power in Sports: rethinking masculinity.* The Crossing Press.

水野英莉 2002.「スポーツと下位文化についての一考察——X・サーフ・ショップにみられる『男性文化』——」，『京都社会学年報』，10，35-60.

水野英莉 2005.「スポーツする日常にある性差別——サーファー・コミュニティへのフィールドワークから——」，好井裕明編，『繋がりと排除の社会学』，明石書店，215-263.

水野英莉 2005.「女性サーファーをめぐる『スポーツ経験とジェンダー』の一考察——『男性占有』の領域における居場所の確保——」，『ソシオロジ』，154，121-138.

水野英莉 2015.「日本におけるサーフィンをする女性の50年（1）——1990年代以降のサーフィン文化とジェンダー公平——」，『流通科学論集——人間・社会・自然編』，28(1)，53-76.

Mizuno, E. 2018. Multiple marginalization ?: representation and experience of bodyboarding in Japan. lisahunter（ed.）*Surfing, Sex, Genders and Sexualities.* Routledge.

宮代真司・石原英樹・大塚英子 1993.『サブカルチャー神話解体』，パルコ出版.

Monden, M. 2015. *Japanese fashion cultures: dress and gender in contemporary Japan.* Bloomsbury Academics.

Moore, M. S. 2010. *Sweetness and Blood.* Rodale.

武藤恒志 2005.『IRAKO CLASSIC』.

村田周祐 2013.「漁師に転身した移住サーファーのライフヒストリー——龍太郎の夢——」『東北福祉大学紀要』，37，241-259.

村田周祐 2017.『空間紛争としての持続的スポーツツーリズム——持続的開発が語らない地域の生活誌——』，新曜社.

村山由佳 2003.『海を抱く　BAD KIDS』，集英社.

中谷文美 1997.「『女性』から『ジェンダー』へ，そして『ポジショナリティ』へ——フェミニスト人類学の系譜——」，青木保ほか編，『岩波講座　文化人類学第4巻　個からする社会展望』，岩波書店，225-253.

中谷文美 2001.「〈文化〉？〈女〉？——民族誌をめぐる本質主義と構築主義——」，

上野千鶴子編，『構築主義とは何か』，勁草書房，109-137.
Nash, D & Wintrob, B. 1972. The Emergence of Self-consciousness in Ethnography. *Current Anthropology*, 13(5), 527-542.
日本サーフィン連盟監修 1986.『サーフィン　ザ・オフィシャル・ハンドブック』，学習研究社.
Oakley, A. 1981. Interviewing Women: A Contradiction in Terms. Roberts, H.(ed.) *Doing Feminist Research*. Routledge & Kegan Paul.
岡原正幸 1998.「家族と感情の自伝――喘息児としての『私』――」，井上眞理子・木村英昭編，『ファミリズムの発見』，世界思想社.
岡真理 2000.「フェミニズムとエスノグラフィーのあいだで――ジャニス・ボッディによる試み（1999年度第3回コロキウム)」，『女性学研究』(8), 93-112.
Olive, R. & Thorpe, H. 2011. Negotiating the ‘f-word’ in the field: Doing feminist ethnography in action sport cultures. *Sociology of Sport Journal*, 28(4), 421-440.
Olive, R., McCuaig, L. & Phillips, M. G. 2015. Women’s recreational surfing: a patronising experience. *Sport Education and Society*, 20(2), 258-276.
大川耕平 1998.「スポーツ・レジャースタイル〜余暇消費者図鑑〜　ニュースポーツアイテム『ボディボード』」，『月刊レジャー産業』，193-195.
近江俊哉 2008.『マイネーム・イズ・サーファー』，椎出版社.
Pearson, K. 1979. *Surfing Subcultuers of Australia and New Zealand*. University of Queen Press.
Pearson, K. 1982a. Surfies and Clubbies in Australia and New Zealand. *The Australian and New Zealand Journal of Sociology*, 18(1), 5-15.
Pearson, K. 1982b. Conflict, Stereotypes and Masculinity in Australian and New Zealand Surfing. *The Australian and New Zealand Journal of Sociology*, 18(2), 117-135.
Reed, R. 2010. *Waves of wahines: a history of women’s surfing*. Reed Books.
Rinehart, R. 2015. Surf Film, Then & Now: The Endless Summer Meets Slow Dance. *Journal of Sport and Social Issues*, 39(6), 545-561.
Rinehart, R. & Sydnor, S. 2003. *To the extreme: alternative sports, inside and out*. State University of New York.
Rutsky, R. L. 1999. Surfing the Other: ideology on the beach. *Film Quarterly*, 52(1), 12-23.
佐藤郁哉 1984.『暴走族のエスノグラフィー――モードの叛乱と文化の呪縛――』，新曜社.
佐藤郁哉 1985.『ヤンキー・暴走族・社会人――逸脱的ライフスタイルの自然史

──』，新曜社.
佐藤郁哉 1992.『フィールドワーク──書をもって街に出よう──』，新曜社.
佐藤三郎 1926.「水泳」，『日本体育叢書　第12篇』，目黒書店，116-117.
澤井健 1996-1998.『サーフサイドハイスクール』，1-5巻，小学館.
Sedgwick, E. 1985. *Between Men: English literature and male homosocial desire.* Columbia University Press.（2001. 上原早苗・亀澤美由紀訳，『男同士の絆──イギリス文学とホモソーシャルな欲望──』，名古屋大学出版会.）
Schumacher, C. 2017. "My Mother Is a Fish": from stealth feminism. Hough-Snee, D. Z. & Eastman, A. S.（eds.）*The Critical Surf Studies Reader.* Duke University Press.
Schwendinger, H. & J. 1985. *Adolescence Subcultures and Delinquency.* Praeger.
シアード，K. G. ・ダニング，E. G.　1988. 海老島均訳，「男性領分の一タイプとしてのラグビークラブ──若干の社会学的論評──」，ロイ，J. W. ほか編著，粂野豊編訳，『スポーツと文化・社会』，ベースボール・マガジン社，236-254.
柴田哲孝 1998.『白いサーフボード──日本で初めてサーフボードを作った男，高橋太郎の伝説──』，たちばな出版.
清水諭 1993.「サーフィンする身体──脱近代の身体と自然──」，日本体育学会『体育の科学』43，杏林書院，535-548.
『商店建築』，1992. 37(10)，商店建築，229-233.
Stedman, L. 1997. From Gidget to gonad man: surfers, feminists and postmodernisation. *The Australia and New Zealand Journal of Sociology,* 33(1), 75-90.
Stranger, M. 1999. The aesthetics of risk: a study of surfing. *International review for the sociology of sport,* 34(3), 265-276.
『Surfing Life』，1998年7月号-1999年9月号，マリン企画.
『Surfing World──Surfer's Identity Magazine　1999年2月号』，オーシャンライフ.
鈴木正 1981.『サーフィン』，講談社.
『スポーツ学のみかた』，1997. AERA MOOK「New 学問のみかた」シリーズ③，朝日新聞社.
シュイナード，イヴォン 2007. 森摂訳，『社員をサーフィンに行かせよう』，東洋経済新報社.
多賀太 2006.『男らしさの社会学──揺らぐ男のライフコース──』，世界思想社.
多賀太 2011.『男性のジェンダー形成──〈男らしさ〉の揺らぎのなかで──』，東洋館出版社.
多木浩二 2003.『スポーツを考える──身体・資本・ナショナリズム──』，筑摩書房.

『太陽 特集鎌倉』，1997．平凡社，1月号．
玉井順三 1986．『海と仲間と彼女たち——オーストラリア・サーフィン日記——』，御茶の水書房．
Theberge, N. 2000. *Higher Goals: women's ice hockey and the politics of gender.* State University of New York.
Theberge, N. 2012. Toward a feminist alternative to sport as a male preserve. *Quest,* 37(2), 193-202.
Thorpe, H. 2008. Foucault, technologies of the self, and the media: discourses of feminism in snowboarding culture. *Journal of Sport& Social Issues,* 32, 199-229.
Thorpe, H. 2009. Bourdieu, feminism and female physical culture: Gender reflexivity and the habitus-field complex. *Sociology of Sport Journal,* 26(4), 491-516.
Thorpe, H. 2011. *Snowboarding Bodies in Theory and Practice.* Palgrave Macmillan.
富山英輔 1996．「サーファーというひとつの生き方——サーフィン教の信者たち——」『サーフ・スタイル・ブック』，ワールドフォトプレス．
富山英輔 1997．『サーファー・真木蔵人』，槌出版社．
宇部一 1995．「ゲレンデの仲間たち——社会人スポーツクラブの人間関係——」，山内隆久編，『人間関係事例ノート——心のネットワークを求めて——』，ナカニシヤ出版．
鵜飼正樹 1995．「大衆劇団における人間関係——市川H劇団の事例——」，社会学研究会『ソシオロジ』，30，95-124．
鵜飼正樹 1985．『大衆演劇への旅——南條まさきの一年二ヶ月——』，未來社．
牛田匠 2004．「自由教育学校(Alternative School)研究に関する一考察——オートエスノグラフィー研究に注目して——」，『教育学科研究年報』，30, 61-68．
Waitt, G. 2008. Killing waves' : surfing, space and gender. *Social and Cultural Geography,* 9(1), 75-94.
Waitt, G. & Clifton, D. 2013. 'Stand out, not up' : bodyboarders, gendered hierarchies and negotiating the dynamics of pride/shame. *Leisure Studies,* 32(5), 487-506.
Walker, I. 2011. *Waves of resistance: surfing history in twentieth-century Hawai'i.* University of Hawai'I press.
Warshaw, M. 2005. *The encyclopedia of surfing.* Harcourt Books.
Warshaw, M. 2010. *The history of surfing.* Chronicle Books.
渡辺明日香 2014．「日本のファッションにみるアメリカの影響——洋装化，ジャパ

ン・ファッションの影響，ストリートファッションの現在」，『共立女子短期大学生活科学科紀要』，57，23-36.

Wenner, L. 1995. Riding Waves and Sailing Seas: wipeouts, jibes, and gender. *Journal of Sports and Social Issues,* 92, 123-125.

Wheaton, B. 2003. Lifestyle sport magazines and the discourses of sporting masculinity. *Sociological Review,* 51(S1), 193-221.

Wheaton, B. 2004. New lads? Competing masculinities in the windsurfing culture. *Understanding lifestyle sport: consumption, identity, and difference.* Routledge, 131-153.

Wheaton, B. 2013. *The cultural politics of lifestyle sports.* Routledge.（2019. 市井吉興・松島剛史・杉浦愛監訳，『サーフィン・スケートボード・パルクール――ライフスタイルスポーツの文化と政治――』，ナカニシヤ出版.）

Wheaton, B. & Tomlinson, A. 1998. The Changing Gender Order in Sports?: the case of windsurfing subcultures. *Journal of Sports & Social Issues,* 22(3), 252-274.

Wirtz, J. G. 2018. The effect of exposure to sexual appeals in advertisements on memory, attitude, and purchase intention: a meta-analytic review. *International Journal of Advertising, The Review of Marketing Communications,* 37(2), 168-198.

Whyte, W. F. 1943. *Street Corner Society.* University of Chicago Press.（1963. 寺谷弘壬訳，『ストリート・コーナー・ソサィエティ』，垣内出版.）

Willis, P. E. 1977. *Learning to Labour: how working class kids get working class jobs.* Ashgate publishing.（1997. 熊沢誠・山田潤訳，『ハマータウンの野郎ども』，筑摩書房.）

Wolf, D. 1996. *Feminist Dilemmas in Fieldwork.* Westview Press.

山森恵子 2014.『サーフ・レジェンド・ストーリーズ』，柵出版社.

吉田憲右 2001.『サーフィン・プレビュー』，泉書房.

Young, N. 1983. *The history of surfing.* Palm Beach Press.

Young, N. 2000. *Surf Rage.* Nymboida Press.